코로나
이후의 교육,
교사가
말하다

https://뉴노멀은 언제 오나요?

코로나 이후의 교육, 교사가 말하다

실천교육교사모임 지음

우리학교

자기 자리를 지키는 일의 위대함

오늘은 2022년 7월 19일, 그냥 일상처럼 지나갈 하루다. 그러나 가장 크고 높았던 4차 유행의 파고 후에 누리던, 지난 두 달간의 평온이 깨지는 날이 될지도 모른다. 7월 초부터 주 단위로 확진자 수가 두 배씩 늘어나는 걸 눈으로 보면서 '이 끝은 어디인가'라고 묻는 게 사치 같다. 두 해 반, 갇힌 빗장을 이제 겨우 풀어내고 소소한 모임들을 다시 시작하는 즈음에 도약하는 확진자 수 그래프는 반갑지 않다.

'이 낯설고 두려운 것을 일상으로 받아들여야만 끝나는 것인가?'

이 화두 앞에서 멍하니 모니터를 바라보다 깊은 한숨으로 이어진다. '난생처음' 겪는 전 지구적 위기 상황을 수식하는 말은 넘쳐나는데 도대체 '일상으로' 받아들인다는 게 무엇인가? 가늠하기 어럽다. 2020년 초등학교 3학년이었던 우리 반 아이들은 '코로나야 물러가라' '코로나가 끝나면' '코로나 극뽁~'을 주문처럼 외쳤다. 쉽게 끝나지 않을 것임을 알고 있던 어른의 눈에 그 주문은 언제나 희망을 잃지 않는 긍정의 화신이라기보다는 '어린이다움'일 뿐이었다.

세상은 교사들이 2020년에 무엇을 했는지 알고 있나요?

아마도 나를 비롯한 대다수의 교사에게 2020년은 악몽이었을 것이다. 연장도 없이 길을 만들라는 지시는 내려왔지만 팔다리가 다 묶여 있던 상황이랄까? 묶인 팔다리부터 풀어 달라는 요구가 인터넷 회선을 타고 봇물처럼 쏟아졌다. 당시 서울실천교사 단톡방은 '이 문제 어떻게 풀어요, 이렇게 하니까 돼요, 이런 건 너무 심하지 않아요, 저런 방법도 있더라구요' 하는 톡들이 밤 12시를 넘어서까지 계속되었다. 그전과 비교하면 상.전.벽.해.

그렇게 전쟁 같은 하루하루를 보내고 있었지만, 교사들의 학습력은 뛰어났고 고민의 결과들은 랜선을 타고 빛의 속도로 여기저기 공유되었다. 그렇게 우리는 집단 지성의 힘을 목도하기도 했다. 지난했던 고생에 대한 보답으로, 2021년은 보다 안정적인 교육과정을 운영할 수 있었다. 그랬더니 '교육 격차, 학력 격차'를 우려하는 목소리들이 너도나도 훈수를 두기 시작했다. 실시간 쌍방향 수업을 하지 않는다, 교사들이 제대로 학습 관리를 안 한다, 놀고먹는다…….

그러나 현장에 있었던 교사들은 안다, '교육 격차' 이면에 숨겨진 진실을. 이미 돌이키기 어려운 격차 사회에 진입한 한국 사회에서 학교 교육이 그동안 어떤 역할과 기능을 했는지 먼저 물었어야 했다는 것을. 가정의 사회경제적 변인을 효과적으로 무력화시키고 균일한 성취를 이룰 수 있게 한다는 학교 효과 보고서는 이 세상에 없다. 다만, 상대적으로 비교 집단에 비해 그 격차를 줄일 수 있고, 개중에는 사회경제적 변인과 무관한 성취를 이루는 사례가 간혹 나타날 뿐이다.

학교가 문제인가? 사회가 문제인가?

학교가 사회이고, 사회가 학교다. 모든 걸 학교와 교육 탓으로 돌리는 이 무지막지한 시대에 교사들의 상처는 깊어 간다. 잘한 것은 개인이 우수하기 때문이고 잘못한 것은 학교가 잘못 가르쳐서, 혹은 안 가르쳐서 그렇다는 마타도어가 난무하는 시대에 학교는 안녕할 수 있는가? 안녕하지 못하다.

군사 독재와 권위주의의 시대, 무소불위의 권력자로 군림했다던 교단의 권력은 철저하게 무력화되었다. 그 자리를 '관계'로 메워 가야만 하는 교실살이는 늘 살얼음판이다. 어디선가 삐긋하기 전에 감지하고 온 힘을 쏟지 않으면 와장창 무너져 내린다.

그럼에도 불구하고

우리는 모였다. 지난 경험을 반추하며 우리가 보고 배우고 느끼며 겪었던 것들을 정리해야 한다는 어떤 강박 때문이었다. 2022년 4월, 실천교사 정기이사회를 마치고 몇몇 이사들이 남아 학교는 어떤지, 전면 등교로 만나는 아이들은 어떤지 지나가듯 사적인 이야기를 나눈 것이 그 출발이었다. 언론이 주목하지 않고, 어른들이 관심 두지 않는 지역에 근무하는 교사들이 2022년 3~4월에 마주한 현장은 서로 다른 세계를 사는 듯한 착각을 하게 할 정도였다.

'이걸 말해야겠구나!'

실천교육교사모임은 2020년에도 비슷한 작업을 한 경험이 있다. 그때도 4월 임시이사회를 하면서 '기록'의 필요성에 공감했다. 전국 각지의 교사들이 모여 현장 상황에 대한 대담을 나누고 『코로나 시대의 교육』이라는 책으로 펴냈다. 이 책은 그 후속작이라고 할 수 있겠다.

2022년 5월 14일, 서교동의 한 사무실에서 여섯 시간이 넘는 긴 대화를 나누었다. 그 자리에는 EBS 〈다큐 프라임〉 팀도 함께했다. 개울물로 시작된 대화는 여러 번 막히고 떨어지고 굽이치면서 수백 갈래로 흩어졌다. 수백 갈래가 다시 바다로 이어지도록 해야 했다. 주제와 방향을 정하고 목차를 짜고 정리하는 과정에서 여러 교사들의 지혜와 경험을 빌렸다.

1부는 각자의 자리에서 겪었던 코로나 시대 학교의 일상을 그렸다. 유치원, 초등학교, 중·고등학교, 특수학급과 특수학교의 이야기는 모두 자기 자리에서 지켜 왔던 일상을 담담하게 기술한 것이다. 2부는 학교 일상의 이면이다. 겉으로는 평온한 것처럼 보이지만 사실 그 속에 꿈틀거리는 온갖 역동은 교사가 '학생과 수업'에만 전념할 수 없는 조건을 만들어 낸다. 교육부의 '네이버 공문'에 속은 들끓어도 아무 일 없는 듯이 카메라 앞에 앉아 수업하며 모니터로 학생들을 만나야 했던 그 일상의 이면과 대안을 그렸다.

실천으로 좋은 변화를 만듭니다

실천교육교사모임은 교사 개인의 실천을 나눔으로 함께 성장하여 우리 사회와 교육에 좋은 변화를 만드는 것을 핵심 가치로 하는 단체다. 코로나 이후 학교에서 학생과 교사들이 겪고 있는 일들을 책으로 정리하는 작업은 모두 이런 실천의 가치에서 비롯된 것이다. 문제를 던지는 것과 동시에 그에 대한 대안을 함께 이야기하고, 구조적·제도적 변화를 요구하면서도 개인의 실천을 견지해 가는 것이 실천의 길이기 때문이다.

지난 두 해 반을 보낸 현장 교사들의 기록은 내일을 위한 것이다. 날것의 기록들이 설익은 대안으로 보일 수도 있다. 그러나 분명한 것은 이제 시작이라는 것이다. 이 책 한 권이 어떤 변화를 일으킬지 가늠하긴 어렵지만, 그리고 매우 미약한 시작임을 알지만 이 책을 통해 자기 자리에서 일상을 지켜 온 이들의 고민과 실천이 지닌 힘이 결코 작지 않음을 알릴 수 있길 바란다. 그리고 코로나 이후 우리 사회는 무엇을 해야 하는지 고담준론이 아닌 현장의 눈으로 토론하는 자리가 계속 만들어졌으면 좋겠다.

이제 우리의 화두는 바뀌었다.

'이 낯설고 두려운 것을 일상으로 받아들일 준비가 되었는가?'

저자들을 대표하여
실천교육교사모임 회장 한희정

▶ 2부 — 코로나 이후의 교육을 위한 우리의 질문

적극 행정

디지털 전환과 멀티리터러시 교육

격차 해소

| 1부 |

학교
돌아보기

코로나를 거치며 달라진 학생들의 모습을 보면서 어쩌면 교육이 가장 중요한 기본을 놓치고 있는 건 아닌가 하는 생각이 든다. 변화의 폭이 크고 속도가 빨라질수록 본질에 대해 고민하고 기본으로 돌아가려는 노력이 필요하다. 그리고 이러한 과정이 민주적 의견 수렴 과정을 통해 합의될 때 진정한 미래 교육이 열릴 것이다.

▶ 코로나19를 거치면서 학교는 전례 없는 변화를 겪었다. 몸이 아프면 가장 약한 부위에 문제가 생기듯 학교의 가장 취약한 부분부터 문제가 생기기 시작했다. 우리 교육의 보완해야 할 점이 극명하게 드러났다. 현장 교사들은 대부분 전부터 알고 있던 문제였다. 알고 있는 정도가 아니라 계속 수정과 보완을 주장하던 내용이기도 했다. 그런데 코로나로 인해 온 국민의 관심이 쏠리면서 모두가 학교가 지닌 문제를 알게되었다. 전화위복이라고 해야 할까.

당장 온라인 수업을 해야 하는데 학교에는 보안 때문에 무선 통신망도 설치되어 있지 않았다. 게다가 상용 메일과 모바일 메신저 PC 버전도 사용할 수 없었다. 역시 보안이 이유였다. 학생들에게 수시로 연락해야 하는데 연락할 수 있는 수단이 교사 개인 휴대전화와 학교 전화뿐이었다. 어떤 학교에서는 교무와 행정 라인 결재권자들이 온라인 수업에 듀얼 모니터가 왜 필요한지 이해하지 못할 정도로 정보화 기자재에 대한 이해가 떨어져 담당자가 기기 구입 회의 때마다 설명하고 설득하느라 진을 빼기도 했다. 설령 학교가 현황을 파악해서 부족한 온라인 기기를 구비했다고 하더라도 가정에서 학생들에게 그것을 어떻게 사용해야 하는지 알려 줄 어른이 없는 경우도 있었다.

코로나 시기 학교에서는 어떤 일이 있었을까? 1부에서는 코로나19 팬데믹을 겪으며 그야말로 고군분투했던 선생님들의 눈에 비친 학교의 모습이 어땠는지 유치원, 초등학교, 중·고등학교, 특수학급과 특수학교로 나누어 들여다보고자 한다. 코로나의 모습은 과밀 학급이 많은 대도시의 큰 학교와 읍면 단위의 작은 학교가 달랐다. 일반 학교와 특수 학교도 달랐다. 그리고 학급당 학생 수가 적은 학교에서는 사실 온라인 수업이 필요하지 않았다. 평소처럼 등교를 하더라도 사회적 거리두기가 잘 유지되었기 때문이다. 이를 통해서 학급당 적정 학생 수를 유지하는 게 왜 중요한지 알 수 있을 것이다. 매년 학생 수가 줄어들고 있지만 학급당 학생 수가 과밀한 학교가 여전히 많다.

학교에 나오지 못하는 동안 학생들이 학습 결손을 겪었다는 이야기가 들린다. 하지만 학습은 학습 이외의 요소와 긴밀히 연결되어 있다. 주도성이나 학생 자치 역시 교육의 중요한 문제다. 학생들의 문화적 체험 역시 마찬가지다. 코로나 사태는 학교의 취약한 면을 드러낸 동시에 학교가 그동안 드러나지 않지만 꾸준히 힘써 왔던 노력의 가치를 확인하게 해 주었다. 온라인 학습을 하는 동안 어떤 점이 취약해졌는지가 확연하게 보였기 때문이다.

사람은 단순히 경험을 통해서가 아니라 경험에 대한 성찰을 통해서 배운다는 유명한 교육 격언이 있다. 우리 교육은 지금 코로나19를 단순한 경험으로 흘려보낼 것인가, 아니면 이를 성찰하여 앞으로 나아갈 것인가를 선택해야 한다. 코로나19를 지나온 학교 현장을 자세히 살펴보도록 하자. 백척간두 진일보를 위해.

자연과 함께라서 걱정 뚝!

유치원에 아이들이 없다

2020년 1월, 코로나19로 일선 학교는 초비상 상태가 되었다. 2015년 메르스 사태 당시의 혼란스러움과 매일 유치원 아이들의 열을 재던 기억이 떠올랐다. 처음에는 사스나 메르스 때처럼 일시적일 거라고 생각했다. 그러나 하루가 다르게 늘어 가는 감염자와 사망자 수는 우리를 두려움에 떨게 했다. 게다가 우리나라만이 아니라 전 세계에서 동시다발로 발생하는 일이어서 그 충격이 더욱 컸다.

그해 3월, 나는 다른 유치원으로 옮겼다. 그러나 아이들을 볼 수는 없었다. 당연히 입학식도 이뤄지지 않았다. 출근과 재택근무를 반복했다. 지켜야 할 방역 지침은 수시로 내려오고, 사전 준비 없이 원격 수업을 고민해야만 했다. 그야말로 혼돈 그 자체!

아이들이 유치원에 나오지 않다 보니 관계 맺기를 어떻게 시작해야 하나 고민이 되었다. 때마침 초등학교에 입학한 아들이 유튜브 영상 찍기에 열을 올리고 있었다. 그래서 나도 우리 학급 아이들을 위한 유튜브 영상 자료를 만들었다. 그런데 이것이 나중에 원격 수업 자료로 유용하게 활용되었다.

가정에 있는 아이들을 위해 교사들은 각종 놀이 꾸러미를 보내기로 하고 어떻게 구성할지 이야기를 나누었다. 놀이 꾸러미는 아이 혼자서도 할 수 있고 부모님과 함께 꾸미거나 만들 수 있도록 구성했다. 그렇게 준비한 놀이 꾸러미를 가지러 온 학부모, 아이와 인사를 하고 이야기를 나누었다. 이렇게 아이들과 어렵게 관계 맺기를 시작했다.

전쟁 같은 돌봄

2020년 5월 27일, 드디어 아이들이 유치원에 나오게 되었다. 아이들에게 마스크를 나누어 주고 교실에서의 사회적 거리두기, 마스크 착용하기, 열 체크 등 코로나19에 대한 방역 수칙을 알려 주었다. 아이들을 한번 안아 보지도 못하고 주먹 인사를 건네야 하는 상황. 나도, 아이들도 서먹서먹하기만 했다.

아이들은 이 상황을 쉽게 받아들일 수 없었을 것이다. 갑자기 유치원에 나오라고 하더니 종일 마스크를 쓰라고 하고, 또 친구들과 같이 놀지도 못하게 했으니 말이다. 만 3~5세의 아이들과 사회적 거리두기를 하며 수업을 하기란 쉽지 않았다. 교실에 있는 모둠 책상도 떼어야 했고, 개인별로 놀잇감을 주고 각자 놀게 해야 했다. 놀이는 서로 어울려야 놀이답고 더 풍성해질 수 있는데 혼자 놀아야 하니 얼마나 재미없었을까.

아이들은 물었다.

"선생님, 언제 같이 놀아요?"

"코로나가 끝나야지."

"언제 끝나요?"

"글쎄, 빨리 끝났으면 좋겠다."

아이들 못지않게 학부모들도 혼란스러워했다. 그중에서 맞벌이 가정이 겪은 어려움이 특히 심했다. 맞벌이 가정의 아이들만이 긴급돌봄교실에 참여할 수 있다. 그런데 아이가 열이 나는 등 응급 상황이 발생해도 일을 해야만 하는 부모는 제때 와 줄 수가 없다. 아이는 부모가 오기만을 기다리고, 부모는 당장 아이를 데리러 갈 수 없어 발만 동동 구르는 상황이 되는 것이다. 돌봄 선생님이 아무리 잘 돌봐 준다고 한들 부모만 할까?

긴급돌봄교실에 참여하는 아이들은 많게는 11시간을 유치원에서 보낸다. 이 아이들에게 가장 필요한 것은 정서적으로 안정될 수 있는 환경이다. 그러려면 직장에서 일하는 부모를 가정으로 돌려 보내 줘야 하는데 현실은 그렇지 못했다. 자녀돌봄 휴가를 사용하 거나 재택근무를 할 수 있는 직장은 많지 않았다. 그렇다면 아이들 에게 무엇을 해 주어야 할까?

지역에 따라 다르겠지만 내가 근무하는 유치원은 청소를 하거나 교실에서 수업 도우미 역할을 하는 분들이 아침 돌봄을 맡았다. 유 치원 교육을 전공하지 않은 50~60대 분들인데, 아이들에게 정서 적 지원을 하는 중요한 역할을 무자격자가 맡은 셈이다.

더구나 세종은 정부청사와 국책연구단지가 있어 부모들이 아침 일찍 출근을 하거나 늦게 퇴근하는 경우가 많다. 그래서 돌봄 시간 을 좀 더 늘려 주었으면 하고 바라기도 한다. 저녁 돌봄을 담당하는 교사는 6시간 기간제다. 7시에 퇴근인데 제때 퇴근을 못하고 돌봄 유아의 부모를 기다리는 경우도 종종 있다.

"선생님, 7시 30분은 되어야 겨우 도착할 것 같아요."

학부모의 말 한마디에 교사는 30분을 더 기다려야 한다. 그럼 자 연스럽게 초과 근무를 하게 되는 것인데 이 부분에 대한 대책이 필 요하다. 한편 돌봄교실에서 아이에게 간식이나 저녁을 주었으면 좋겠다고 요구하는 학부모도 있는데, 코로나 상황임을 고려하면 쉽지 않은 부탁인 셈이다.

아이들에게는 여전히 어려운 마스크 쓰기

그렇게 2021년이 됐다. 나는 새롭게 문을 연 단설 유치원으로 옮겼다. 코로나19가 점점 심각해져서 새 학년 교육과정 설명회와 오리엔테이션을 제대로 실시할 수가 없었다. '두근두근 첫 만남의 날'을 계획했지만, 입학할 유아가 아닌 부모님을 현관 밖에서 만나는 것으로 만족해야 했다. 그래도 2020년과 다르게 반별로 간단하게 입학식을 하고 새 학년을 시작할 수 있었다.

새롭게 근무하게 된 곳은 자연이 곧 학교이자 교실인 생태유치원이다. 2021년에는 실내나 실외 모두 안전하지 않게 여겨졌는데, 지나고 보니 실외가 더 안전했던 것 같다. 우리 반은 다른 반보다 실외 활동을 많이 했는데, 그 덕분인지 코로나19에 걸린 아이들이 거의 없었다.

우리 유치원의 또 다른 특징 중 하나는 혼합 연령 학급으로 운영한다는 점이다. 3세 4명, 4세 6명, 5세 8명이 같은 학급에서 지내다 보니 '형님'들이 동생들이 마스크를 쓰는 것, 거리를 두고 줄을 서는 법 등을 알려 주고 도와준다.

아이들이 친구와 어울려 놀지 못하는 것만큼이나 힘들어하는 것은 마스크 쓰기다. 3년째 마스크를 쓰고 있지만 아이들은 여전히 불편을 호소한다. 마스크가 코 밑으로 내려와서 올려 주면 "선생님, 불편해요"라며 다시 내리는 아이도 있다. 또는 짜증스러운 목소리로 "선생님, 어떻게 해요?"라며 마스크를 들고 와서 쓰는 방법을 알려 달라는 아이도 있다. 간식을 먹고도, 물을 마시고도 마스크 올려 쓰는 것을 깜빡하기 일쑤다. 어른도 하루 종일 마스크를 쓰는 것이 힘든데 아이들은 오죽하겠는가.

코로나19 초기에는 함께 놀이하려는 아이들을 떼어 놓기 바빴다. 사회적 거리두기를 해서 아이들을 좀 더 안전하게 보호하려는 마음이 컸기 때문일 것이다. 그러나 지금은 마스크를 쓴 상태에서는 아이들끼리 가까이하는 것을 막지는 않는다. 어서 빨리 아이들이 마스크를 벗고 마음껏 뛰어놀고, 교사와 학부모가 만나 자유롭게 이야기를 나눌 수 있는 날이 오기를 바란다.

유치원이 직면했던 어려움들

2021년 4월, 코로나19 상황에서 교육부는 변화된 수업 운영 체계를 효율적으로 지원하고, 감염 위험으로부터 교원과 학생을 적극적으로 보호하기 위해 '복무관리 지원'이라는 기본 방향을 제시했다. 이에 시도 교육청과 일선 학교는 지역 내 코로나19 확산 상황, 사회적 거리두기 단계, 학사 일정 등을 고려하여 자체적으로 계획을 수립하고 지원책을 마련하고자 했다. 그러나 팬데믹(세계적 대유행) 상황에서는 그 어떤 것도 쉽지 않았다.

몇몇 교사들이 모임을 가졌다가 확진자와 동선이 겹치면서 여러 명의 교사가 한꺼번에 자리를 비우는 상황이 발생했다. 학교에서는 대체 강사를 구하고자 했으나 쉽지 않았고, 엎친 데 덮친 격으로 순회 교사도 확진이 되면서 나머지 교사들이 그 역할을 대신해야 했다. 물론 자가격리를 해야 하는 교사들도 불편했겠지만, 그들 대신 하루 8시간의 수업을 감당해야 하는 교사들의 어려움 역시 만만치 않았다.

이렇게 교사들이 다수 확진되면서 학교 현장은 혼란에 빠졌다. 남은 교사들이 부족하여 보결 수업 등으로는 해결하기 힘든 한계 상황에 부딪히자 '차라리 나도 코로나에 걸렸으면 좋겠다'라는 생각이 들기도 했다는 교사도 있었을 정도다. 유치원 내부 교사만으로는 해결이 어려워 학교지원센터의 수업 지원 교사와 교육청이나 소속 기관으로 파견 나가 있던 교사들까지 보결 수업에 투입되었다.

만약 유치원에 지금보다 한두 명 더 여유 있게 교사가 배치되어 있었더라면 어땠을까? 좀 더 수월하게 대처하지 않았을까? 학기 중에 한두 명이 하루 이틀 자리를 비우는 건 지금 인원으로도 충분히 대응할 수 있지만, 또다시 감염병이 학교를 휩쓰는 상황이 된다면 이 인원으로는 감당하기 어려울 것이다.

코로나19가 없어진다면 무엇을 하고 싶니?

다음은 코로나19를 겪으며 아이들과 나누었던 대화를 정리한 것이다.

먼저 '코로나19로 인해 어렵거나 불편한 것은 어떤 것이 있을까?'라는 질문에 아이들은 이렇게 대답했다.

"코로나에 걸렸을 때 열이 많이 나서 힘들었어요."

"마스크를 쓰니까 숨을 쉬기가 좀 힘들어요."

"다섯 살 때는 마스크를 혼자 못 써서 연습을 해야 했는데 이젠 혼자 쓸 수 있어요."

"캠핑이나 수영을 못해서 힘들어요."

"마스크를 쓰고 이야기하니 소리가 잘 안 들려서 속상해요."

"친구들 얼굴도 제대로 못 보고 마음껏 놀지도 못해서 힘들어요."

다음은 '코로나19가 없어진다면 무엇을 하고 싶니?'라는 질문에 아이들은 이렇게 대답했다.

"마스크 벗고 친구들이랑 놀러 가고 싶어요. 수영장이나 놀이 카페에도 가고 싶고요."

"줄넘기도 하고 막 뛰어놀고 싶어요."

"지구 곳곳을 돌아다니며 축구를 하고 싶어요. 제 꿈이 축구왕이거든요. 축구왕 슛돌이처럼."

"형이랑 마음껏 놀고 싶어요. 그리고 친구랑 맛있는 음식도 나눠 먹고 싶어요."

　코로나19 상황임에도 우리 유치원은 다른 유치원보다 두세 배가량 더 많이 바깥에서 놀이를 한다. 그럼에도 아이들은 제대로 놀지 못한다고 하소연하곤 한다. 아이들은 체험을 좋아하고 바깥으로 나가고 싶어 한다. 교실에서 힘들어하는 아이들을 밖으로 데리고 나가 보면 금방 알 수 있다. '하루 바깥 놀이 한 시간 이상 확보'라는 지침이 있지만 사실 한 시간 이상 바깥 놀이를 하는 곳은 많지 않을 것이다.

　코로나19를 계기로 유치원에서 실외 활동이 더 늘어났으면 좋겠다. 또한 생태유치원의 가치가 유아 발달 측면만이 아니라 또다시 올 것으로 예상되는 감염병 상황에서 우리 아이들을 건강하게 지켜 낼 수 있는 방법이라는 것도 조명되길 바란다. 최소한의 자격을 갖춘 인력이 유아들의 돌봄을 맡고 학생 수가 줄더라도 학급 수를 늘리고 교사 수를 여유 있게 확보하여 학급당 학생 수를 지금보다 줄이면 교육이 질이 높아지는 것은 물론 유치원 현장이 감당해야 하는 다양한 상황과 요구에 더 능동적이고 유연하게 대처할 수 있을 것이다.

작은 학교에서 근무한다는 것

시골 학교에도 코로나19의 영향이 미치다

나는 전교생 22명의 작은 시골 학교 교사다. 그것도 2021년에는 15명이었다. 우리 학교도 예외 없이 코로나 상황에서 자유로울 수 없었지만 다른 대도시 학교에 비하면 전염병 파도는 그래도 약한 편이었다. 전면 등교, 부분 등교, 온라인 수업 등등 코로나 시대의 학교에서 쓰이는 말들인데 사실 그런 말들에 대해서 잘 느낄 수 있는 환경은 아니다. 임실군 전체의 인구는 3만 명 남짓이고 학생들이 사는 지사면은 1200명 정도 거주한다. 이런 시골은 평소에도 저절로 거리두기가 될 정도로 사람이 적다. 물론 사람들은 밭이나 논에서 홀로 일하면서도 마스크를 쓰긴 했지만 어쨌든 도시에 비해 거주하는 인구가 워낙 적기 때문에 코로나를 느껴 보기 힘들었다.

그런데 우리 학교에도 예외 없이 코로나 확진자가 발생했다. 올해 4월 약 3주간 학생, 교직원 중 5명을 빼고 다 걸렸는데 불행 중 다행으로 순차적으로 확진되어 휴교 없이 학교생활을 하고 있다.

2019~2020년에 나는 교육청 파견 교사로 근무했다. 처음 코로나19가 시작되고 학교와 교육청은 새로운 상황을 극복하기 위해 많은 노력을 했는데 그중 걸리는 문제가 온라인 수업이었다. 개인적으로 교사 연수를 온라인으로 많이 받아 본 터라 온라인 수업에서 느끼는 효용성에 대한 기대가 크지 않았고 코로나가 시작된 2020년 교육청 파견 교사로 근무하느라 온라인 수업을 하지 않아서 이미 노하우가 쌓였을 다른 교사들에 비해 상대적으로 아는 바도 없었다. 발령을 받으면 동료 교사들에게 물어 가며 수업을 해야겠다고 마음을 먹었는데 막상 학교에 오니 2020년 처음 한 달 정도만 잠깐 온라인 수업을 했고 계속 등교 수업을 했다고 한다. 내가 발령받은 2021년에는 온라인 수업을 하지 않았다.

교실에서 거리두기와 가림막 설치 등 방역 조치를 하려고 했는데 교실에 아이들이 워낙 적다 보니 이런 조치들을 할 필요가 없었다. 이곳은 저녁 7시면 개 짖는 소리, 소쩍새 우는 소리, 멀리 기차 지나가는 소리 외에는 고요한 동네다. 학교 외에는 문화적 혜택이 거의 없는 곳에 사는 아이들이 어릴 때부터 늘 손잡고 부대끼던 친구와 말을 하지 않고 거리두기를 한다는 것은 거의 불가능에 가깝다. 다행히 마스크는 학생들이 교사들보다 철저히 착용했고 손 소독도 수시로 했다.

우리 학교에서 확진자가 나오지 않았던 2021년에 교육청이 주관하는 오프라인 행사는 취소되거나 축소되었지만 우리 학교에서 하는 행사는 대부분 실시됐다. 그중 기억에 남는 것은 제주도 수학여행과 물놀이 행사였다.

5월 중순에 제주도에 2박 3일로 수학여행을 갔는데 단체 여행객이 거의 없었다. 물론 주변에서 만류하는 사람들도 있었으나 한적한 제주에서 귀한 대접을 받으며 여행을 했다. 위낙 단체 여행객이 없다 보니 어디를 가든지 반가운 얼굴로 맞이해 주었다. 이렇게 한적한 제주를 즐긴 것도 귀한 대접을 받은 것도 사람들 말에 의하면 코로나로 인해 학생 수학여행단이 흔하지 않았기 때문이었다.

1학기 말에는 학교에서 자체적으로 할 수 있는 물놀이 겸 수상안전교육을 고민하다가 간이 수영장을 대여해서 학교에 설치 후 전교생이 물놀이를 했다. 물놀이만 한 것이 아니라 마치 1학기가 무사히 끝나는 것을 기념하는 잔치처럼 고기도 굽고 학생들이 좋아하는 간식도 먹으며 하루 종일 놀았다. 평소 같으면 다른 학교에서도 할 법한 행사였지만 코로나 시국이라 교사와 학생들이 느끼는 감정은 더욱 각별했던 것 같다.

코로나보다 더 무서운 것

다른 시골 지역도 마찬가지지만 내가 있는 임실군도 인구 자연 감소로 인해 작은 학교들이 없어지고 학급이 줄어 2021학년에는 임실 관내의 교사 12명이 강제 전출되었다. 임실에 살면서 지역을 생각하고 학교 살리기에 힘썼던 교사들까지도 이유를 불문하고 떠나게 된 것이다. 지역 소멸을 말하는 것이 이상하지 않은 상황이라지만 학생이 줄어 학교와 학급이 없어지면서 삶터가 사라지는 모습을 직접 보니 아픈 마음이 피부로 와닿았다.

올해 초 교직원이 한마음 한뜻으로 노력해서 7명의 학생들이 전학을 왔다. 한 반에 2명이나 5명 규모로 지내던 아이들에게 친구가 생긴 것이다. 이 전학으로 전교생이 15명에서 22명으로 늘었다. 적막한 시골 학교에 학생들이 146퍼센트나 늘었다는 것은 엄청난 일이다. 워낙 학생 수가 적다 보니 모둠 수업은 고사하고 일반 수업도 일대일 수업처럼 할 때가 많다. 특히 체육 수업은 학생 수가 너무 적어서 제약이 많았다. 하지만 전학 온 학생들로 인해 변화가 생겼다.

우리 학교는 전체 학생 수가 적어서 학급 단위로는 체육 수업을 진행하기 힘들다. 그래서 1학년부터 6학년까지 전교생이 수업에 참여하고, 모두가 함께 할 수 있는 술래잡기를 많이 한다. 요즘은 숨을 곳이 없어서 고민 끝에 학교 공간 중 화장실, 교무실, 교장실, 행정실을 빼고 학교 전체를 이용해서 놀도록 했다. 교장 선생님이 교장실은 왜 빼느냐며 이의를 제기하셔서 교장실을 포함시켰다. 그런데 교장실은 출입문이 하나다. 들어가면 외통수다. 그래서 아이들은 교장 선생님이 교장실 책상 아래 숨겨 주지 않는 이상 들어가려고 하지 않는다.

아이들이 복도에서 시끌벅적하게 '무궁화꽃이 피었습니다'를 한다. 작년에 비해 훨씬 흥미진진하다. 술래를 할 사람도 많아졌고, 다른 사람들 틈에 섞여 있으면 걸릴 확률도 줄어들었기 때문이다.

전교생 다모임에서 모둠 활동 시 학생들이 예전보다 적극적으로 참여한다. 갈등이 없는 것은 아니지만 대부분 오래가지 못한다. 서로 갈등을 키우면 그나마 있던 친구를 잃게 되고 고집을 부려 봤자 적은 수의 구성원들로 이루어진 공동체에서 소외되었다가는 갈 곳이 없기 때문이다.

특히 전주에서 전학 온 학생들은 이제야 학교에 다니는 것 같다는 말을 많이 한다. 이전 학교에서는 코로나 시국으로 인해 친구나 선생님을 화면으로 만나거나 설령 등교해도 서로 말을 많이 하지 않았다고 한다. 쉬는 시간도 없고, 밥을 먹을 때도 입에 음식을 넣을 때만 마스크를 벗었다고 한다. 그러니 친구들과 어울려 놀거나 마음껏 이야기하는 것은 생각도 못 할 일이었을 것이다.

그러다가 이곳에 오니 마음껏 뛰어놀 수 있고 활동도 많이 하며 관심도 가져 주니 얼마나 좋겠는가. 물론 지역에서 계속 다녔던 기존 학생들만 있을 때는 그동안 구축해 놓은 우리 학교만의 암묵적인 질서가 있었고 속속들이 아는 사이였다가 낯선 상대가 생겨 갈등이 있을 수밖에 없어 생활지도가 많아졌지만 워낙 적은 수의 학생들이기 때문에 대도시 다인수 학교에 비할 바는 아니다.

작은 학교의 이야기에도 귀 기울여 주세요

학생 수가 적다는 것은 교사로서 학급 업무가 적다는 장점도 있다. 하지만 그보다는 학생 개개인의 수준에 맞추어 진도를 나갈 수 있다는 이점이 더 크게 작용한다. 한 반의 학생들 수준이 상중하로 나뉜다면 그에 맞게 수업을 준비해야 한다. 그리고 학생들의 행동, 학습 활동을 살펴보고 그때그때 맞춤형 교육이 이루어질 수 있도록 해야 한다.

한편, 수시로 이루어지는 합동 수업과 쉬는 시간이면 학년 가릴 것 없이 모이는 문화로 인해 한 반의 문제는 한 반만의 문제가 아니라 학교 전체의 고민이 된다. 제대로 된 학생 맞춤형 교육과정, 개인이 존중되는 건강한 공동체라는 뻔한 이야기가 필요한 시점이다.

"애들아, 이 작은 시골 학교를 다니는 것이 좋아?"

"그걸 말이라고요! 여기서는 친구들과 마음대로 이야기할 수도 있고 활동도 많아서 좋아요. 작년에는 교실에서만 조용히 지냈거든요."

코로나 때 학생 수가 많은 학교가 힘들었다는 이야기를 들으며 큰 도시에서 멀리 떨어져 있는 현실이 고맙기도 하지만 적은 학생 수로 인한 교육활동의 제약, 학교 존폐의 문제가 오히려 더 걱정이다. 보건교사가 따로 없어 교육청에서 내려오는 방역 업무를 담당한 교사가 힘들었고, 학생들과 교사들이 마스크를 쓰고 생활해서 얼굴을 보기가 힘들었다는 것, 수시로 손 소독을 해야 한다는 것, 급식실에도 가림막을 해야 한다는 것 정도 외에는 코로나로 인해 특별히 힘든 일은 없었기 때문이다.

7월 취임한 새 전북교육감은 10명 이하 학교의 통폐합을 공약으로 내세웠다. 학령인구 감소로 인한 학생 수 감소는 어쩔 수 없는 현상이라고만 하지 말고 작은 학교의 이야기에도 귀를 기울여 주었으면 한다.

그럼에도 불구하고 '연결'

'우리'가 될 수 있을까?

원격 수업 원년인 2020년에 온라인 개학을 맞이하며 가장 먼저 찾아왔던 고민은 온라인 수업 상황에서 우리가 함께할 수 있는 방법을 찾는 것이었다. '온라인으로도 학급 세우기가 가능할까?' '집에서 혼자 수업에 참여해야 할 아이들의 생활 관리는 어떻게 해야 할까?' '아이들의 혼란과 불안을 어떻게 보살펴 줄 수 있을까?'와 같은 낯선 질문들이 끊임없이 떠올랐다.

어떤 아이들은 늦잠으로 수업을 빼먹기도 했고, 수업을 듣다가 갑자기 행방이 묘연해지는 아이도 있었다. 아이들은 수업 중에 그저 '나가기' 버튼을 누르는 것만으로 나와의 연결고리를 쉽게 끊어 내곤 했다. "실수로 나가졌어요" "접속이 잘 안 돼요"라고 이야기해도 랜선 저 너머에 있는 아이를 어찌할 수 있는 방법은 제한적이었다. "죄송합니다. 까먹었어요"라는 말 한마디로 상황을 모면하려는 모습을 볼 때는 마음이 무너져 내리기도 했다.

혼자서 과제 수행이 잘 되지 않거나 수업에 자꾸 빠지는 아이들에게 전화로, 메신저로, 때로는 교실로 직접 불러서 일대일로 격려하고 지속적으로 피드백하는 일은 꽤 인내심이 필요했다. 선생님 앞에서는 "다 해서 낼게요" "시간 잘 지킬게요" 하던 아이들이 온라인 수업 상황이 되면 언제 그랬느냐는 듯 잘못된 습관을 되풀이했기 때문이다.

그해, 아이들에게 가장 많이 했던 말 중 하나는 '언제든 다시 시작할 수 있다'였다.

"오늘은 월요일이니까 다시 시작해 봅시다."
"새로운 달이 시작되었으니 다시 힘차게 파이팅!"
"날씨가 참 좋지요? 무엇이든 다시 시작하기 참 좋은 날입니다."

잘못된 습관이 당연한 것이 되지 않도록, 무력하고 지친 모습에 익숙해지지 않도록, 언제든지 새로운 마음으로 다시 시작할 수 있도록 계속 격려하며 마음을 보내는 것이 나의 역할이었다. 힘들 땐 언제든 도와줄 수 있는 선생님과 친구들이 여기 컴퓨터 너머에 함께 있다고 알려 주고 싶었다.

나는 아이들의 기본 생활 습관을 함께 다져 나가고 싶어서 당시 담임했던 5학년 학생들을 대상으로 '10일의 기적 나눔 챌린지' 프로젝트를 진행했다. 동학년 선생님들에게 취지를 설명하고, 5학년 전체 학급에서 함께 실시해 보기로 했다.

작은 실천이 모이면 지속적인 습관을 만드는 힘이 된다는 믿음으로 열흘 동안 각자 계획한 대로 아침에 기분 좋게 일어나 30분 책 읽기, 그림 그리기, 스트레칭 등을 하고 온라인 학급 게시판에 인증을 하게 했다. 한 번 인증할 때마다 100원씩 적립을 해서 모은 금액은 도움이 필요한 곳에 기부하기로 했다. 아이들은 댓글로 서로 격려하며 챌린지를 이어 갔고, 차곡차곡 모이는 적립금을 보며 어느 곳에 도움이 필요한지 함께 고민했다. 프로젝트를 마무리하며 전체 아이들의 투표로 아동학대 예방을 위한 단체에 기부했을 때, 우리는 어느덧 '우리'가 되어 있었다.

'우리'가 되기 위해 교실에서 얼굴을 맞대고 꾸려 왔던 활동들을 그대로 온라인에 풀어 놓기란 쉬운 일은 아니었다. 온라인에서 상호 작용할 수 있는 활동을 디자인하기 위해 새로운 수업 방법과 수업 도구를 활용해야 했다. 결국 그해는 상황이 나아지지 않아 띄엄띄엄 등교하다 종업식마저 온라인으로 해야 했지만, 우리는 힘든 한 해를 함께 건너온 시간을 위로하고 새로운 시작을 함께 격려했다.

손잡으면 안 돼요

다음 해인 2021년에는 3학년 담임을 맡았다. 우리는 수도권 학교 등교 학생 밀집도 1/3 준수에 따라 이틀은 원격 수업, 사흘은 등교 수업을 반복했다. 코로나 감염에 대한 두려움이 늘 있었지만, 마스크와 책상 가림막이 우리를 지켜 주리라는 믿음으로 아슬아슬하게 일상을 이어 갔다. 느닷없이 개학이 미뤄지고, 처음 경험해 보는 온라인 개학을 시작으로 언제 끝날지 기약도 없는 원격 수업을 이어가야만 했던 전해에 비하면 감사한 하루하루였지만 대체 전면 등교 수업은 언제나 가능한 것인지 가늠할 수가 없었다.

어느 날은 미술 시간에 아이들에게 색종이로 종이접기하는 방법을 알려 주면서 "오른쪽은 접어서 풀칠하세요. 그런데 왼쪽은 풀칠하지 말고 그냥 두세요. 왜냐하면 이 왼쪽 날개는 나중에 다른 조각이랑 이렇~게 손잡을 때 풀칠할 거거든요"라고 설명했다. 그러자 한 아이가 불쑥 "어! 손잡으면 안 되는데. 코로나 걸리는데!" 한다.

"그래, 우리는 손잡으면 안 되는데. 그치? 하지만 색종이가 코로나 걸렸다는 뉴스는 아직 없으니까 색종이끼리는 손잡으라고 하자."

나는 가벼운 농담을 던지며 짐짓 대수롭지 않게 설명을 이어 갔지만, 속으로는 한없이 슬프고 안타까웠다. 해맑은 3학년, 열 살 어린이들에게 손잡지 말라고 가르쳐야 하는 현실이.

이제까지 학교는 함께 손잡는 곳이었다. 코로나 이전에 우리는 손을 꼬옥 잡고 강강술래 놀이도 했고, 술래잡기도 했다. 준비물을 가져오지 않은 친구에게 준비물을 빌려주고, 모둠끼리 모여 머리를 맞대고 과제를 해결하는 것이 당연했다. 수학 문제를 잘 풀지 못하는 친구 옆에 쪼르르 모여서 저마다 자신의 방법대로 풀어 보라는 꼬마 선생님들의 훈수를 지켜보는 일도 즐거웠다.

그러던 중 그야말로 날벼락같이 코로나 시대가 찾아왔고 이 몹쓸 전염병 앞에서 아이들의 건강을 지켜야 하는 책임을 지게 된 나는 지금까지와는 정반대로 생활 지도를 해야 했다. 가장 먼저 한 일은 책상을 시험 대형으로 바꾸는 것이었다. 네 개의 책상을 맞대는 모둠 대형은 운영이 불가능했다. 거리두기 지침 때문이기도 했지만, 혹여 모둠 대형을 만든다고 해도 서로의 말이 마스크와 가림막에 막혀 물리적으로 소통할 수 없는 구조였다.

아이들에게 손잡으면 안 된다고, 함께 노는 것도, 물건을 빌려주는 것도 꾸욱 참아야 한다고, 쉬는 시간에는 돌아다니지 말고 자리에 앉아 있어야 한다고, 친구와 거리두기를 해야 한다고 수시로 말해야 하는 처지가 되었다. 학교에서 마땅히 가르쳐야 할 것 대신 다른 것을 가르치는 데서 오는 자괴감은 비상사태라 어쩔 수 없다는 위로로도 잘 달래지지 않았다.

교사의 마음도 이런데 아이들은 오죽할까? 아이들은 늘 만나고 싶어 했다. 등교 수업 초반에는 만남의 반가움보다 코로나에 대한 두려움이 더 컸는지 아이들은 얌전히 앉아 있다 얌전히 밥을 먹고 얌전히 집으로 갔다. 그러나 거리두기가 어디 말처럼 쉬운가? 아이들은 자석의 N극과 S극이 서로 이끌리듯, 그렇게 이끌리는 것이 자연의 섭리라는 것을 증명이라도 하듯 돌아서면 가까워져 있고, 돌아서면 팔짱을 끼고 같이 놀았다. 방역이고 뭐고 그저 나 하나 눈 딱 감고 예전처럼 수업 시간에 모둠 활동도 하고 쉬는 시간이면 신나게 놀이도 하게 해 주고 싶었다. 아니, 차라리 모두가 같이 확 걸려 버리고 다 같이 안전해지는 것도 방법이 아닐까? 하는 생각을 잠시 한 것도 사실이다.

그러나 인근 학교와 학원에서는 계속 확진자 소식이 들려왔다. 그럴 때면 아이들과 학부모들은 내게 걱정과 두려움을 토로했다. 방역 지침 역시 수시로 바뀌어 내려오고, 그에 따라 함께 내려오는 촘촘한 매뉴얼을 들여다보고 있노라면 또다시 정신이 바짝 차려졌다.

일주일에 세 번이기는 하지만 이제야 간신히 학교에서 만나게 되었는데 순간의 방심으로 인한 방역 실패로 다시 원격 수업으로 돌아가게 된다면 어찌한단 말인가. 우리 반의 누군가가 코로나에 덜컥 걸리게 된다면? 혼자만 앓고 넘어가면 다행이지만, 각 가정의 기저질환자나 돌봄을 맡아 주시는 할머니, 할아버지에게 전파되기라도 하면 어쩌나 하는 부담이 나를 짓눌렀다. 공공기관인 학교에서 학급을 책임지는 담임 교사인 이상, 어찌 되었든 코로나 방역 최전선에 있는 사람은 다름 아닌 나였다.

코로나가 무서워요

'등교하면서도 감염되지 않기'라는 목표를 달성하기 위해 학생들 간의 만남을 갈라놓고 자유로운 움직임을 제한할 수밖에 없는 이상한 매뉴얼. 그러나 그 속에서도 나를 비롯한 동료 교사들은 최대한 의미 있는 교육활동을 위한 고군분투를 이어 갔다. 물론 코로나 이전만큼 완벽할 수는 없지만, '등교하면서도, 감염되지 않으면서도, 우리가 함께할 수 있는 방법'을 찾아, 익숙했던 교실 놀이를 변형하여 다양한 비접촉 놀이로 풀어냈고 온라인과 오프라인의 장점을 모두 살린 블렌디드 수업을 통해 오프라인에서는 어려운 협업을 온라인에서 시도해 보기도 했다.

그러나 방역 수칙을 아무리 잘 지켜도 학급 내 확진자 발생은 피할 수가 없었다. 밀접 접촉자가 생겨서 수업을 중단하고 모두 하교를 시켜야 하는 일이 있었다. 놀란 아이들을 안심시키는 것이 먼저라, 혹시 몰라 하는 검사니까 씩씩하게 받고 내일 온라인으로 만나자고 이야기하고 교문까지 하교 지도를 했다. 우리 반만 조용히 하교해서 교문 앞은 한산했다. 교실에서는 아무렇지 않던 아이 몇이 교문을 나서자마자 엄마랑 통화하면서 펑펑 운다. 우는 아이를 괜찮을 거라고 다독여 준 뒤 터덜터덜 걸어가는 뒷모습을 보며 이 난리를 겪고 보니 전면 등교가 다 무어냐 싶은 생각이 절로 들었다. 불안한 하루하루를 보내며 나와 가족이 코로나에 걸릴까 봐, 또는 코로나에 걸려서 두려운 아이들의 마음을 어루만지고 격려하는 일이 중요하다는 생각을 했다.

다음 날 원격 수업 중, 밀접 접촉자였던 아이가 결국 확진되었다는 소식을 들었다. 화면 너머 아이는 별일 없는 듯 수업에 참여하고 있었다. 수동 감시자인 나는 방역 수칙을 준수하며 출퇴근 등 일상생활이 가능했지만, 백신 접종 전인 아이들은 2주간 자가격리에 들어갔다.

원격 수업만큼은 신나게 하자 싶어 아이들 활동 시간에 배경 음악으로 놀이동산 퍼레이드 테마송을 틀어 주었다. 노래가 참 신이 났다. 활동을 마친 아이 몇이 노래에 맞춰 팔을 흔들며 춤을 추었고 나도 같이 춤을 추었다. 울적했다. 체육 시간에는 비닐봉지를 묶어 공책으로 띄우기 놀이를 했다. 화면 속 아이들은 땀을 뻘뻘 흘리며 까르르 웃으며 열심히도 했다. 그러나 역시 울적한 마음은 지울 수가 없었다. 어제 준비도 없이 급히 하교를 시키느라 걷어 놓은 배움 공책을 돌려줄 틈이 없었다. 배움공책이 없는데 어떻게 할까요, 묻는 아이들에게 구글 클래스룸에서 문서를 사본으로 나눠 주고 온라인으로 배움공책을 쓰라고 했다.

확진되었음에도 컨디션이 나쁘지 않아 온라인 수업에 끝까지 참여했던 아이의 배움공책을 열었다. 아이는 '저 양성 판정 나왔는데 어떡하죠?'라고 쓰고 그 아래로 1교시부터 5교시까지 배운 내용을 차분히 써서 냈다. 수업 중에는 자신이 확진자라는 티를 차마 내지 못하고, 자기로 인해 격리를 시작하게 된 친구들에게 미안한 마음을 선생님만 볼 수 있는 공간에 쓴 저 한 줄에 너무너무 마음이 아팠다. 누구의 잘못도 아니건만 아이와 학부모 모두 괴로워했다. 수업을 마친 후 아이와 학부모와 긴 통화를 했다.

2주간 원격 수업을 하면서 마음이 많이 힘들었다. 분명 만남이 있었고, 수업이 있었고, 이야기도 나누고 함께 웃었는데 컴퓨터를 끄고 나면 그 모든 것이 신기루처럼 자꾸 사라지는 느낌이었다. 삶이 어떻게 되어 가고 있는지 알 수 없었다. 무언가의 양감, 질감, 온기와 같은 것들이 점점 낯설어지는 느낌이 들었고, 이렇게 살면 정말 안 될 것 같다고 생각했다. 죽이 되었든 밥이 되었든, 교실에서 빨리 아이들을 만나고 싶었다.

그럼에도 불구하고 '연결'

지금까지 한 번도 겪어 보지 못했던 혼란스러운 상황 앞에서 '그럼에도 불구하고 우리가 될 수 있을까'를 고민했던 전면 원격 수업 때도, 등교는 했지만 친구와 손잡을 수 없어 안타까운 부분 등교 때도 교사로서 가장 큰 고민은 '연결'이었다. 앞으로 새로운 팬데믹 시대가 올지도 모른다는 말에 그렇다면 학교는 앞으로 어떤 역할을 할 수 있을까를 생각해 보았을 때도 나의 결론은 변함없이 '연결'이다.

코로나 시대에 빠른 속도로 원격 수업이 자리를 잡으면서 학교 역할에 대한 논의의 목소리가 커졌다. 학생들이 등교하지 않아도 학습 콘텐츠를 쉽게 접할 수 있게 되면서, 원격 수업만으로도 어느 정도 지식 교육은 가능하기에 초반에는 학교의 기능이 약화될지도 모른다는 의견도 있었다. 그러나 학생들이 처한 환경이나 학생이 가진 동기 수준에 따라 배움의 격차가 클 뿐만 아니라, 원격 수업만으로는 사회적인 상호작용의 질이 대면 수업과는 비교할 수 없을 정도로 차이가 난다는 것에 이제는 대부분 동의하지 않을까 한다.

나는 생태학자 최재천 교수가 쓴 책의 제목이기도 한 '손잡지 않고 살아남은 생명은 없다'라는 문구를 참 좋아한다. 학교는 아이들이 손을 잡을 수 있는 공간이다. 개인 하나하나는 한없이 모자라고 작은 존재일지 모르지만, 연대하고 서로를 안아 주고 눈앞의 이익 그 너머를 볼 때 우리는 모두 가치 있는 존재가 된다. 함께하는 기쁨을 알고 기꺼이 손잡는 사람이 되기 위한 배움의 장, 그곳이 바로 학교다.

코로나19, 그래도 대입은······

온라인 개학, 그러나 더 치열해진 경쟁

2020년, 나는 고2 담임이었다. 연초부터 코로나19에 관한 기사들이 하나둘씩 나오더니 2월에는 개학을 연기한다는 기사가 나왔다. 이런 내용을 학생과 학부모에게 알렸지만 언제 등교를 할지 알 수가 없었다. 교사가 할 수 있는 것이 마땅히 없는 상황, 그것은 학생과 학부모도 마찬가지였을 것이다.

더 늦어지면 안 되겠다 싶어 학생들에게 개별적으로 전화해서 상담부터 시작했다. 학생들도 처음에는 개학이 늦춰진다고 좋아했지만 점점 조급함을 느끼는 것 같았다. 고등학교 2학년은 대학 입시에서 매우 중요하다는 이야기를 이미 수도 없이 들었을 테니 개학이 미뤄지는 것을 마냥 철없이 좋아만 할 수는 없었을 것이다.

감염병의 확산을 선제적으로 차단한다는 결정이 내려지면서 결국 온라인으로 개학을 했다. 처음 이뤄지는 시스템에 적응을 못하는 교사와 학생들이 나타났다. 학생들은 시간이 지날수록 점점 불안해했다. 매일 종례 때마다 "언제 등교할 수 있냐"는 연락이 쇄도했다. 이 불안감을 달래는 것이 담임 교사의 가장 큰 업무라는 것을 직감했다. 그래서 적게는 30분, 많게는 몇 시간가량 통화하면서 학생들을 다독였다.

이 전대미문의 시기를 대처하는 방법은 학생들마다 달랐다. 어떤 학생은 기왕 이렇게 된 거 열심히 놀기를 택했다. 또 어떤 학생은 공부를 하고 싶어 했지만 할 곳이 없다며 초조해했다. 한 학생은 이렇게 되면 생활기록부에는 뭘 쓰느냐며 걱정을 쏟아 냈다. 다른 학교는 등교한다는데 우리도 그래야 하는 것 아니냐며 자기 나름의 정보망을 가동하는 학생도 있었다.

가장 난처한 경우는 고등학교에 들어와서 스마트폰을 없애고 공부에 집중하던 학생이었다. 원격 수업 기간에는 주로 반 단톡을 통해 일괄 전달하는 방식으로 소통이 이루어졌다. 초기에는 촌각을 다투는 연락이 많았다. 수업이 바뀌거나 과제가 주어지거나 하는 일 말이다. 그러나 이 학생은 늘 늦게 전달을 받았다. 자연스레 정보에 뒤처질 수밖에 없었다. 1회 고사가 끝나자 성적에서 드러났다. 평균 점수가 10점 정도 떨어졌다.

학생들은 대입 문제에 매우 예민하다. 몇몇 대학에서 학생부종합전형 입시에 코로나 상황을 고려하여 2020년 1학기 창의적 체험활동 비중을 축소해서 반영하겠다고 발표했다. 그래도 학생들은 불안해했다. 그 와중에 모의고사나 수능은 어떻게든 진행되었기 때문이다. 입시에 예민한 건 학생뿐만이 아니었던 것이다. 팬데믹으로 전국이 마비되는 상황에서도, 영국이나 프랑스 같은 나라들이 대입 시험을 취소하는 와중에도 한국의 수능만큼은 미뤄질지언정 취소될 순 없었다. 그것이 학생들이 겪은 우리 사회의 암묵적 룰이었다. 어떠한 상황에서도 최종적인 결과에 대한 책임은 모두 학생 개인에게 있고 어느 누구도 대신해 주지 않는다는 것. 이 상황에서 자율, 진로, 봉사, 동아리와 같은 창의적 체험활동의 비중을 축소한다는 발표가 학생들을 안심시키지 못하는 것은 당연했다.

그 속에서 학생들은 스스로 알아서 살아남기 위해 경쟁해야 했다. 각자도생(各自圖生). 공동체는 사라지고 살고자 하는 개인만이 남았다. 입시가 그대로 진행되는 상황에서 일단 '나만이라도' 살고 봐야 했고, 다른 친구들까지 돌아볼 여유는 없었다. 함께 모이는 시간도 적었으니 어쩌면 당연한 일인지도 모른다. 게다가 거리두기로 인해 모둠 활동보다 개인 활동 위주로 수업이 운영되었다. 개인 활동만으로 자신의 생활기록부에 채워 넣어야 했으니 그것은 더 치열하고 고독한 경쟁이 될 수밖에 없었다. 예년에는 함께 머리를 맞대고 더 나은 활동을 위한 고민이 있었다. 코로나 시기에는 그럴 수 없었다. 그 폐해를 당시에는 미처 고려할 틈도 없었다. 그렇게라도 해야 했다.

한편, 휴대전화 중독 현상이 더 심해졌다고 고충을 토로한 학생도 있었다. 교사들이 단체 채팅방 등을 통해 공지를 하다 보니 휴대전화로 시시각각 변하는 공지를 확인해야 했던 것이다. 대부분은 시급성이 떨어지는 것들이었지만 제출해야 할 과제 같은 제때 확인해야 할 것도 있었다. 학생이 이를 밤늦게, 혹은 다음 날 확인하면 그만큼 준비할 시간이 부족해진다. 그래서 계속 휴대전화를 확인하게 된다는 것이 그 학생의 이야기였다. 이 이야기를 듣고 다른 선생님들과 의논을 했지만 뾰족한 방법을 찾지 못했다.

평소에 학생들은 세 가지 요인을 통해 스스로를 점검해 나간다. 첫 번째는 자기 스스로 관리하는 자기 관리 능력이다. 가장 이상적인 능력이나 이 능력이 잘 발달된 학생을 찾기는 쉽지 않다. 두 번째는 교사나 부모에 의해서 통제되는 어른에 의한 관리 능력이다. 자기 스스로 관리를 못하는 게 눈에 보일 경우 교사나 부모가 개입해서 지시하고 도와주는 것을 말한다. 마지막 세 번째는 학급 분위기나 친구를 따라 하거나, 주변 친구들의 압박으로 하게 되는 학급에 의한 관리 능력이다. 예를 들면 쉬는 시간에 교실 한쪽에 모인 아이들이 "수학 숙제 했어?"라며 나누는 대화를 듣고, '아, 맞다. 수학 숙제가 있었지?' 하고 떠올렸다면 이 부분에 해당한다. 본인이 스스로 기억하지는 못했지만 학급이라는 공간에서 오가는 정보를 통해 상기시키고 해 나가는 것이다.

갑자기 닥친 코로나19로 인해 두 번째와 세 번째 기능이 줄어들었다. 결국 자기 관리 능력이 가장 중요한 요인이 되었다. 단순히 시간 등을 능동적으로 관리하는 것뿐 아니라, 여태 경험하지 못했던 디지털 기기의 능숙한 사용, 오류 발생 시 대처 능력, 동시에 디지털 기기 중독 문제 극복 등 이른바 디지털 리터러시(digital literacy)가 필요했다. 이 부분이 잘 갖춰져 있던 학생들은 빠르게 적응했지만 그렇지 못한 학생들은 더뎠다.

원격 수업의 학습효과를 우려했지만 학생 모두가 싫어했던 것은 아니다. 오히려 좋아하는 학생도 있었다. 예를 들면 원격 수업 초기에 콘텐츠 수업 올려놓은 것을 이해될 때까지 십수 차례 돌려 보는 학생도 있었다. 기존 오프라인 수업은 오로지 수업 시간에 필기해 놓은 노트에 의존해야 했으나 이제는 수업 내용 자체를 다시 들을 수 있다는 점을 좋아하는 학생도 많았다. 자기 전까지 틀어 놓고 잔다는 학생도 있었다. 실시간 쌍방향 수업의 경우에도 채팅 등으로 의견을 표현할 수 있어서 좋았다는 학생도 있었다. 다른 아이들 얼굴을 보지 않고 발표할 수 있어서 좀 더 심리적으로 안정감을 느꼈다는 학생도 있었다.

이처럼 다양한 유형의 학생들이 존재했기에 나는 2020년에 자주 논란이 되던 '학력 저하'를 대수롭지 않게 여겼다. 내가 느낀 것은 온라인 환경에 익숙한 학생들의 성적이 오르고 그렇지 않은 학생들은 성적이 떨어지면서 성적 질서가 재편된다는 것뿐이었다.

마스크와 카메라 뒤로 숨다

우여곡절 끝에 등교를 했다. 그러나 막상 등교를 했다고 해도 쉬운 것은 아니었다. 학생들 사이의 간격을 띄우고 접촉을 제한하고 서로를 불안해하면서 쳐다보는 것이 학교라는 공간에 좋은 환경은 아니었다. 게다가 학년 초의 서먹서먹한 분위기가 마스크라는 가림막과 거리 둔 책상과 시너지를 이뤄 정말 조용했다. 학생들의 표정을 읽기가 어려웠고, 반응을 얻어 내기가 힘들었다. 평소 같으면 웃음이 터질 타이밍에도 교실은 조용했다.

교사는 학생들의 반응을 통해 에너지를 얻는다. 무반응의 교실에서 교사 역시 무력함을 느꼈고 이는 학생들에게도 결코 득이 되지 않았다. 대면 수업이라는데 마스크를 쓰고 얼굴을 안 보여 주는 게 대면인지, 아니면 원격 수업에서 마스크를 벗고 얼굴 보며 수업하는 게 대면인지 모르겠다는 농담을 하기도 했다.

생활지도 부서 업무를 하는 어느 선생님은 '마스크 속의 익명성'이라고 표현했다. 학교에서 질서를 해치는 학생을 잡으려고 해도 학생의 이름은 물론 얼굴도 몰라서 쫓아가도 잡기 힘들다고 했다. 분명 그랬다. 마스크로 가려진 얼굴 속에서 이름도 끝까지 외우지 못한 학생들이 있었다. 이름을 모르면 대화가 되지 않는다.

대면 수업에서는 마스크로 얼굴을 가렸다면 원격 수업에서는 카메라를 켜지 않는 학생이 많았다. 2학기가 되어서야 카메라를 켜지 않으면 결과 처리를 한다거나 하는 지침이 만들어졌다. 그러나 다수가 카메라를 켜지 않으니 당장 수업 진도를 나가야 하는 입장에서는 일일이 지도하는 것도 일이었다. 나중에야 요령이 생겼지만, 초기에는 단순히 오프라인 수업을 실시간 쌍방향이라는 틀에 옮기는 것에 급급했다. 교사들은 학생들을 어떻게 참여시키는지에 대한 혼란이 컸고, 학생들은 그런 상황에서 마스크와 카메라 뒤로 숨어 버렸다.

대면 수업을 할 때 학생들이 갈등을 보이거나 문제 상황이 생겼을 때 상담하는 것도 쉽지 않았다. 목요일이나 금요일에 아이들을 불러 상담을 해도 다음 주에 바로 원격으로 들어가는 상황이라 적절한 생활지도를 할 수 없었던 것이다. 학생들도 갈등을 해결하지 못한 채 원격과 대면 만남을 번갈아 해야 했다. 이렇게 되니 학생들의 관계성이 넓어지기란 쉬운 일이 아니었다. 작년에 친했던 친구들과 그대로 친분이 유지되고 새로운 친구들과는 가까워지지 못했다.

그러나 나는 2020년이 분명 위기이긴 해도 심각하다고 생각하지 않았다. 학생들은 조급하고 불안해했지만 그만큼 스스로 하려는 의지가 있었다. 당시의 나는 학생들에게 필요한 것이 기존 오프라인 체제가 온라인 체제로 전환하는 것에 대한 '적응'이었다고 생각했다. 대부분이 어느 정도의 디지털 리터러시를 갖추고 있었고, '디지털 네이티브 세대'답게 빠르게 따라왔다. 마치 어두운 영화관에 있다가 밖으로 나오면 눈이 부시지만 시간이 지나면 괜찮아지는 것처럼 적응은 시간 문제였다고 생각했다. 게다가 학과제로 운영되는 학교였던만큼 전년도의 학급 그대로 넘어오면서 학생 간의 문제도 크지 않았다.

디지털 전환, 적응이 아니라 학습이 필요했던 학생들

2021년, 학교를 옮겨 고3 담임이 되었다. 비로소 나는 코로나19가 매우 심각한 문제였다는 것을 깨달았다. 분명 같은 나이의 같은 경험을 한 학생들이어야 하는데 전혀 달랐다. 앞서 있던 학교가 학부모들의 관심도도 높고 학생들의 학업 의지도 높았다면 옮긴 학교는 상대적으로 관심도가 덜했다. 2020년에 겪었던 모든 부정적인 면이 두 배 혹은 그 이상으로 심해진 느낌이었다.

예를 들면 한 학생은 2020년에 전학을 왔는데, 초기에 갑작스럽게 개학 연기니 원격이니 하다 보니 얼떨결에 자기소개조차 하지 못한 채 한 해를 보내기도 했다. 앞서 말했듯 학생들은 기존의 친분을 유지하는 형태로 한 해를 보냈다. 이 학생은 새로운 친구를 사귀지 못했다. 심지어 학교 식당에서조차 철저한 거리두기가 이루어졌다. 그래서 이 학생은 한 학기 내내 급식도 혼자 먹으며 관계 형성에 어려움을 겪어야 했다. 그리고 당시의 부적응은 2021년에도 그대로 영향을 미쳤다.

다른 학생들도 대부분 자기 관리 능력이 떨어졌고, 디지털 리터러시도 떨어졌다. 구글 문서 공유조차도 어려워했다. 그렇다고 학부모들이 도움을 줄 수 있는 형편도 아니었다. 또한 학생들 대부분이 노트북이나 태블릿PC를 가지고 있었던 이전 학교와 달리 여기서는 주로 휴대전화로 온라인 도구들을 이용했다. 작은 화면으로 보려면 그만큼 집중력도 필요하고 시력도 나빠진다. 지난해에도 이렇게 했느냐는 질문에 대부분 그렇다고 답했다. 이 학생들은 단순히 디지털에 대한 적응이 아니라 디지털에 대한 학습이 필요했던 것이다. 적응이 시간 문제라면, 학습은 시간만으로 해결되지 않는다. 체계적인 교육과 숙달 등의 과정이 반드시 필요하다. 그러나 이들은 적절한 디지털 리터러시 교육을 받지 못해 학습에서의 곤란을 전혀 해소하지 못한 채로 넘어온 것이다.

물론 그 속에서도 자기 주도성을 가지고 해 온 학생도 소수 있었지만, 전체적인 분위기가 그렇지 못했다. 고3이라 전면 등교였음에도 불구하고 이미 이뤄진 학습 결손을 메우기가 쉽지 않았다. 내가 느낀 학습 결손은 단순히 이전의 지식을 습득하지 못한 것뿐 아니라, 학습을 하면서 함께 갖춰야 하는 자세, 태도, 의지 등의 정서적인 부분도 모두 포함하는 것이다. 게다가 적절한 상담을 받지 못하면서 자신의 현재 위치가 어느 정도이며, 대학 입학을 위해 어떤 준비나 노력이 필요한지에 대한 정보조차 제대로 갖고 있지 못했다. 이는 학부모들도 마찬가지였다.

해법을 찾자니 제약이 너무 많았다. 심지어 입시 설명회를 위해 3학년 학생 전체를 강당에 모으는 게 불가능했다. 학생들은 아쉬워했다. 방역 수칙 매뉴얼을 지키자니 적절한 조치를 취하기가 어렵고, 조치를 취하자니 매뉴얼을 위반하고, 양 갈래 길에서 이러지도 저러지도 못했다. 교육청에 물으면 '지침을 지키라'는 말만 돌아올 뿐이었다. 할 수 있는 것은 개별 상담뿐이었다.

포스트코로나는 공동의 경험을 만드는 것에서 재출발해야 한다

코로나가 빼앗아 간 또 하나는 학생 자치다. 학생회를 비롯한 학생자치기구에서는 자체적으로 행사를 계획할 때마다 학교의 눈치를 봐야 했다. 거리두기라는 이유로 행사가 취소되거나 축소되는 일이 비일비재했기 때문이다. 행사는 진행하되 학생들이 많이 몰리면 안 된다는 이 모순을 학생들에게 납득시키기란 쉽지 않았다.

마침내 2022년 5월, 코로나로 인한 거리두기가 어느 정도 완화되자 여러 학교에서 체육대회를 열었다. 그러나 교사들은 매우 힘들었다고 한다. 한 교사는 "학생들이 자발적으로 대표를 뽑고, 참여를 하는 문화가 다 사라진 것 같았다"며 "교사들이 다시 하나부터 열까지 이끌어야 하는 상황이었다"라고 고충을 토로했다. 고등학교 학생 자치의 상당 부분은 교사의 지도가 아니라 선후배 간의 문화를 통해서 이루어진다. 선배들이 하면 후배들이 눈으로 보고 그다음 해에 그것을 계승, 발전시켜 나가는 것이다. 그러나 지난 2년간 이런 것들을 보지 못한 학생들이 어려움을 겪는 것은 너무나 당연했다.

그동안 학생들이 경험한 것은 단순히 학습 결손만이 아니다. 학습·심리·사회성은 물론 문화 결손도 꼭 강조하고 싶다. 공교롭게도 코로나19를 겪는 동안 이른바 K-문화가 전 세계에서 크게 위력을 떨쳤다. 코로나가 터지기 직전인 2019년에 영화 〈기생충〉이 칸영화제에서 황금종려상을 수상했고, BTS가 빌보드 차트를 점령했다. 2020년에는 〈미나리〉, 2021년에는 넷플릭스를 통해 〈DP〉〈오징어 게임〉 열풍이 불었다. 이렇게 전 세계적으로 한국 문화가 위력을 떨치고 있었지만 학생들의 문화생활은 오히려 축소되었다.

학교라는 공간은 단순히 학습만을 하는 곳이 아니다. 학교 운동장이나 강당은 공을 가지고 있어도 동네에서는 갈 곳이 없는 학생들의 체육문화 공간이다. 그러나 코로나로 인해 점심시간에 나와서 공을 가지고 노는 학생들을 찾아보기 어려웠다. 학교 도서관도 상황이 크게 다르지 않았다. 사서가 없는 학교는 학생들의 안전을 이유로 문을 닫았다. 체육대회나 축제는 학생들이 겪을 수 있는 능동적 문화 행사이지만 코로나 시기에는 열리지 않았다. 여러 체험 학습도 마찬가지였다.

능동적 문화 행사 대신 디지털 기기를 통한 수동적 문화 감상이 그 자리를 차지했다. 학생들은 시간만 나면 유튜브나 넷플릭스를 붙잡고 있었다. 그러다 보니 심지어 게임조차도 하는 것보다 보는 것을 택하곤 했다. 이런 문화적 결손은 청소년기의 학생들에게 중요한 영향을 끼친다. 함께하는 경험이 사라지고 생기를 잃는다. 따라서 포스트코로나는 공동의 경험을 만들어 주는 것에서 다시 출발해야 한다.

달라진 학교 풍경

2002년 사스(중증급성호흡기증후군)와 2012년 메르스(중동호흡기증후군)에 이어 2019년 하반기에 코로나19(코로나바이러스감염증)가 발생하여 2020년 본격적으로 팬데믹 상황에 들어갔다. 학교는 개학을 연기하다가 유행 정도에 따라 온라인 비대면 수업과 대면 수업을 병행하며 어렵사리 새 학기를 시작했다. 여러 가지 사건들이 전부 '사상 초유'였다. 3월 개학은 여러 차례 연기됐다. 3월 31일 교육부는 '온라인 개학 방침'을 발표했고 4월 9일이 돼서야 고학년부터 차례대로 온라인 개학을 했다. 그리고 5월 13일 고등학교 3학년을 시작으로 등교 수업이 순차적으로 이루어졌다.

2020년 OECD 33개국 평균 휴교 기간이 70일인데(OECD, 2021) 우리나라는 19일에 그쳤다. 온라인으로나마 개학을 할 수 있었기 때문이다.

나는 2020년에는 대전에서 중학교 3학년 담임 교사로, 2021년부터는 세종에서 중등 수업 지원 교사로 중학교 1학년부터 고등학교 3학년까지 중등 전체 학년의 학생들을 만났다. 대전에서는 국어 교과교사이자 담임 교사로, 행정 업무는 교육정보부 기획을 맡아 1년을 근무하며 학교와 학생, 학부모를 겪었고(지속성), 세종에서는 도심과 농촌 지역의 여러 중·고등학교를 순회하며 다양한 학교 구성원들을 만났다(다양성). 아마 팬데믹 기간 동안 가장 특별한 경험을 한 교사 중 하나가 아닐까 생각한다. 2020년부터 2022년 1학기까지 학교에는 어떤 일이 있었을까? 몇 가지 에피소드로 재구성해 본다.

출근길, 혼돈의 카오스

출근길, 문자가 온다.

─선생님, 오늘 온라인 수업인가요?

이미 학교 홈페이지 공지 사항에 올리고 문자도 보냈다. 학교 소식 알림 어플로도 알려 주었다. 하지만 나는 친절한 교사이므로 온라인 수업이니 꼭 출석해야 한다고 답장을 보낸다. 또 문자가 온다. 다른 학생이다.

─선생님, 가족 여행을 가서 온라인 수업에 참석 못합니다.

코로나 상황이라 등교도 못하고 있는데 가족 여행이라니? 그리고 오늘 가족 여행을 가는데 당일 아침에 문자로 알린다고? 매일 필수적인 경우를 제외한 이동과 다중이용시설 이용을 자제하라고 신신당부했다. 그런데 가족 여행이라니……. 일단 감염병 상황이니 모임과 이동을 자제하라고 다시 알리고 현장 체험학습 신청서가 사전에 결재되지 않았으니 절차에 따라 양식을 홈페이지에서 내려받아 작성 후 스캔하여 이메일로 보내 달라고 했다. 한참 답이 없다가

─온라인 수업 참석하겠습니다.

이렇게 답장이 온다. 그리고 들려오는 말은 애들 선생이 학부모인 자신을 가르치려 들어 서운하고 화가 많이 났었다고. 이렇듯 절차와 규정에 따라 안내를 해도 받아들이는 사람에 따라 반응이 다르다.

공부를 꼭 학교에서 해야 하나요?

온라인 수업이 끝나고 등교 수업이 시작됐다. 전과 달리 별다른 이유 없이 지각하거나 머리가 아프다, 어지럽다, 구토를 했다며 조퇴를 하겠다는 학생이 부쩍 늘었다. 학부모에게 전화를 걸어 학생 상황을 설명하니 집으로 보내 달라고 하신다. 시험이 얼마 남지 않았지만 그게 중요한 게 아니다. 나도 동의한다. 건강이 먼저다.

등교 수업이 시작됐지만 가정학습을 신청하는 학생이 매주 한두 명씩 있다. 보고서를 가져왔는데 학원 교재를 사진 찍어서 붙였다. 가정학습 시간 동안 학원 숙제를 열심히 했나 보구나 물으니 학교를 쉬는 일주일간 낮에 인강 듣고, 과외 수업 받고, 학원 다녔다고 한다. 학부모가 분명 아이 건강이 더 중요하다고 했고 나도 그게 맞다고 생각했는데 이게 어떻게 된 일이냐.

코로나 확진자가 넘쳐난다. 학부모, 학생, 교사도 연일 확진되어 자가격리에 들어간다. 교실마다 한두 자리씩 비어 있고 수업 때마다 노트북으로 줌에 접속하여 자가격리 중인 학생이 수업에 참여하도록 해야 한다. 열심히 들어오는 학생도 있고 그렇지 않은 학생도 있다. 수업 도중에 한번씩 이름을 부르는데 채팅이나 음성으로 대답하는 학생도 있고 접속만 해 놓고 아무런 반응이 없는 학생도 있다. 아, 불러도 대답 없는 이름이여! 부르다가 내가 죽을 이름이여!

한번은 고등학교에 수업 지원을 갔다. 점심시간 후 5교시에 출석을 부르는데 오전까지 교실에 있던 학생 A가 없다. 같은 반 학생들도 모르겠단다. 수업이 끝나고 교무실로 돌아와서 학생 A가 교실에 없다고 말하니 담임 선생님이 곰곰이 생각하다가 자가격리 중인 학생 B의 부모님에게 전화를 한다.

알고 보니 자가격리 중인 학생 B가 학교에 있던 친구 A와 PC방에 가기로 약속하고 학교에 있던 A가 점심 먹고 학교 밖으로 나가 B와 B의 다른 학교 친구들과 함께 게임을 하고 온 것이다. 자가격리 중인 학생이 집 밖을 돌아다니는 것도 문제인데 학교에 있는 친구를 불러내다니. 그런데 막을 방법이 없다. B와 그 친구들 모두 부모님이 출근하고 혼자 집에서 자가격리를 하고 있었기 때문이다. 자녀가 집에 있는 줄 알았는데 갑자기 학교로부터 전화를 받은 학생 B의 부모님도 답답하고, 학교도 답답하고, 학교에 있다가 슬며시 나갔다 온 학생 A의 부모님도 답답하지만 정작 당사자들은 태연하다. 이 사태의 심각성을 설명해도 건성으로 들으며 형식적인 반성만 하고 입을 딱 다문다.

수업 전략 부재와 읽기 유창성 저하

지금 학생들은 손에 스마트폰을 쥐고 자랐다고 해도 과언이 아니다. 그리고 혼자 유튜브 영상을 보는 것에 익숙하다. 스스로 검색해서 영상을 보는 경우도 있지만 대개는 알고리즘이 이끄는 대로 본다. 자신이 본 영상에 대해 친구와 이야기를 나누는 경우도 별로 없다. 그냥 영상 링크를 보내고 짧게 감상을 나눈다. 예를 들어 'ㅋㅋㅋ'라든가 '존멋' '미쳤네' '찢었네'처럼 아주 짧은 한마디를 툭 던지는 식이다.

코로나로 인해 온라인 수업을 할 때 줌으로 실시간 수업을 하든, 콘텐츠 학습을 하든 학생들은 화면 끄고 마이크 끄고 그냥 유튜브 보듯 수업을 '봤다'. 수업에 참여해서 생각하고 검색하고 질문하고 대답하는 식으로 능동적이며 적극적인 활동을 한 게 아니라 그냥 수업을 본 것이다. 카메라 너머에 있는 학생과 눈맞춤을 할 수도 없고 다가갈 수도 없다. 불러도 대답 없고 부르다 내가 죽을 것 같은 시간이 반복되니 교사도 인강 강사처럼 준비한 강의를 일인극처럼 진행하며 가끔 불특정 다수를 향해 혼자 질문하고 혼자 답하며 넘어간다.

등교 수업이 시작되어도 여전히 모둠 학습을 하거나 짝 활동을 하기가 어렵다. 더구나 수업에 참여하는 게 아니라 그냥 가만히 앉아 구경하는 데 익숙해진 학생들은 필기할 내용을 판서해 주거나 매번 쓰라고 하지 않으면 필기도 잘 하지 않는다. 활동지를 줘도 잘 읽지 않는다. 활동지 내용을 수업 시간에 설명해 줬는데 수업 말미에 순회하며 활동지를 확인해 보니 빈칸이 여전히 비어 있다. 아까 설명했는데 왜 채워 넣지 않았느냐고 물으니 빈칸에 들어갈 정답을 알려 주지 않아서 그렇다고 한다. 그러니까 수업에 참여하고 활동하면서 알게 된 내용을 바탕으로 빈칸에 들어갈 알맞은 말을 채워 넣어야 하는데 '여기에 들어갈 말은 이거야!'라고 말해 주지 않아서 뭘 써야 할지 몰랐다는 것이다.

국어에는 효과적인 의사소통을 위한 전략이 있다. 이는 효과적인 수업 전략과 연결된다. 설명을 듣고 스스로 활동지 빈칸을 채우지 못하거나 판서를 해 줘도 적지 않거나 과목별, 단원별로 적는 공간이 따로 없이 그냥 교과서 여백에 아무 계획 없이 적어서 나중에 내가 이걸 여기에 왜 적어 놨는지 모른다거나 하는 문제가 생기는 학생들은 수업 전략이 없거나 미숙한 것이다. 그런데 이게 단순히 교실에서 수업 시간에만 이러는 게 아니라 효과적인 의사소통 전략이 없어서 일상생활에서도 문제가 되지 않을까 하는 의심이 든다.

코로나 전에는 학생들 사이를 돌아다니며 필기하는 모습을 보고 그때그때 지도하거나 다시 알려 줄 수 있었다. 그런데 지금은 그럴 수 없으니 학생들도 힘들고 나도 힘들다.

보통 소설 단원이 나오면 학생들과 같이 읽는다. 내가 먼저 시범을 보이고 학생들에게 앉은 순서대로 한 문장씩 돌아가며 읽게 한다. 소리 내어 읽기를 시켜 보면 유창성에서 많은 차이가 난다. 발음이 부정확하거니 소리가 너무 작거나 끊어 읽기가 안 되는 경우가 있다. 너무 빠르거나 느려서 함께 맞춰서 읽기가 안 되기도 한다. 그래서 읽기가 끝나면 전체 피드백을 하고 다시 한번 읽는다. 원하는 학생이 있으면 한 쪽씩 읽게 한다. 그리고 어려움이 큰 학생은 수업 후에 따로 불러 지도를 한다.

그런데 코로나 기간을 거치면서 전체적으로 소리 내어 읽기의 유창성이 크게 낮아졌다. 아마도 영상과 음성에 익숙해지고, 문자를 읽고 소리 내어 말할 기회가 적어서 그런 게 아닌가 싶다. 마스크를 쓴 것을 감안하더라도 소리가 너무 작고 발음이 웅얼거려서 알아들을 수가 없다. 코로나 이전에도 소리 내어 읽기나 말하기를 유창하게 하지 못하는 학생은 있었다. 하지만 심하다 싶을 정도로 서툰 학생이 학급에서 절반을 넘지는 않았다. 그런데 지금은 뭐라고 말하는 건지 도무지 알아들을 수 없는 발음과 음량으로, 끊어 읽기까지 서툰 학생들이 급격하게 늘어나고 있다.

진정한 미래 교육을 위해서

코로나를 거치면서 학교 현장에서 느끼기에 가장 크게 달라진 게 뭐냐고 묻는다면 더 이상 학생이나 학부모가 학교를 꼭 가야 한다든가 수업을 빠지면 안 된다고 생각하지 않는다는 걸 들 수 있다. 학교 수업이 기본이고 학원이나 과외 같은 사교육은 부수적인 것이라고 여기는 사람은 교사뿐인 것 같다. 이제 공교육은 필수가 아니라 선택이 된 것일까.

출석에 대한 개념도 달라졌다. 가족 행사가 있으면 수업에 빠지고라도 간다. 가족 여행을 시험 직전에 잡는 경우도 있다. 과거에도 현장 체험학습으로 인정해 줬지만 가급적 학교 수업이나 시험에 영향을 주지 않는 시기를 골랐다면 지금은 크게 신경 쓰지 않는 듯하다. 또 지각, 조퇴, 결석, 결과가 기록으로 남는 것을 별로 개의치 않는다.

수업에 안 들어왔길래 물어보면 친구랑 이야기하느라 밖에 있었다고 하는 학생도 부쩍 늘었다. 수업은 필수가 아니며 사정이 있으면 빠져도 된다고 생각하는 것이다. 또한 고등학교에서는 무선 이어폰을 끼고 후드를 뒤집어쓴 채 휴대전화와 태블릿PC, 노트북으로 수업 시간에 인강을 듣는 학생들이 늘어났다. 미리 양해를 구하면 그나마 수업과 교사를 존중하는 예의 바른 학생이다. 대개는 양해를 구하지 않는다. 수업을 듣고 안 듣고는 학생의 권리라고 여기기 때문이다.

수업을 듣지는 않았지만 교실에 앉아 있었으니 결과 처리를 할 수도 없다. 중학교에는 별로 없는데 고등학교에는 수능 과목이 아닌 수업일 때 이런 학생이 특히 많다. 심지어 한 학급에서 절반 정도가 수업 시간에 자기에게 필요한 과목의 인강을 듣는 경우도 있다. 자신은 수능 전형으로 응시할 거라며 수행평가에도 참여하지 않는다. 이른바 수능 파이터다. 글쓰기 수행평가지에 학번과 이름만 써서 백지로 내고 곧장 인강을 듣는 학생들도 많다. 코로나 전에는 이렇게 많지 않았다.

코로나를 거치며 디지털 기기를 활용할 수 있는 여건이 좋아졌다. 자주 쓰다 보니 능숙하게 잘 다루게 됐다. 하지만 디지털 기기는 학교에서 활용할 수 있는 많은 도구 가운데 하나다. 따라서 잘 사용할 수 있는지보다 그걸로 뭘 할 건지가 더 중요하다. 아마도 디지털 기기 활용 역량이라고 할 때는 기기 숙련도만이 아니라 어떤 목적을 가지고 효과적으로 사용하는지, 활용 시 자기 통제력이 어떤지가 중요한 요소일 것이다.

많은 예산을 들여서 학교 설비를 신설하고 증설했다. 디지털 기기가 학생 각자에게 지급됐다. 교사들이 온라인 수업을 만드는 역량도 늘어서 지금 같아서는 미래 학교로 진입하고 있는 것처럼 보인다. AI나 코딩 교육 이야기도 계속 나온다. 하지만 이런 것들은 교육의 본질이 아니라 방편일 뿐이다. 코로나를 거치며 달라진 학생들의 모습을 보면서 어쩌면 교육이 가장 중요한 기본을 놓치고 있는 건 아닌가 하는 생각이 든다. 변화의 폭이 크고 속도가 빨라질수록 본질에 대해 고민하고 기본으로 돌아가려는 노력이 필요하다. 그리고 이러한 과정이 민주적 의견 수렴 과정을 통해 합의될 때 진정한 미래 교육이 열릴 것이다.

'교육'을 놓치면 '삶'을 놓치는 아이들

변했다. 달라졌다. 혼란과 혼돈의 코로나19 팬데믹을 거치는 2년 여 동안 많은 것들이 바뀌었다. 그리고 2022년 다시 봄! 우리는 언제 그런 일이 있었던가 싶게 다시 모든 것을 코로나 이전으로 되돌리려 하고 있다.

풍경 1: 위기감, 그리고 두려움

코로나 상황에서는 짝과 함께 앉거나 모둠 배열 책상 배치는 찾아볼 수 없었고, 투명 가림막으로 가린 채 한 줄씩 떨어져 앉아야 했다. 마스크를 쓴 친구의 표정을 살피기도 어려웠고, 마스크를 통해 들려오는 말이나 음성은 여러 번 되물어야 했다. 그마저도 친구에게 마음대로 말을 건네거나 대답하기도 조심스럽기만 했다. 교실 안의 물품도 같이 쓸 수 없었고, 친구들과 놀이도 할 수 없었다. 이런 상황은 그동안 통합교육을 시작하면서 일궈 온 많은 사회적 통합의 노력과 시도가 단절되고 과거 10여 년 이전으로 뒷걸음치는 건 아닌지 하는 위기감을 불러일으켰다. 그것은 통합교육 현장에 있는 특수교사에게는 코로나 감염에 대한 불안감만큼이나 큰 두려움이기도 했다.

풍경 2: 힘이 되는 지원

금방 끝날 줄 알았던 코로나가 1년을 넘기고 2년째에 접어들었다. 첫 1년 차에 겪었던 우왕좌왕하던 혼란은 줄었다. 지역 교육청마다 지원의 종류와 내용은 조금씩 다르지만 그래도 새로운 지원이 생겼다. 특수교육 실무사의 인사 이동으로 실무사 인력이 줄게된 학교에는 기간제 교사나 15시간 미만 시간제 지원 인력을 신청해 추가 지원을 받을 수 있었다. 방역 인력도 학교 방역 외에 특수학급을 따로 지원해 주는 교육청도 있었다.

특수교육대상 학생들이 통합학급에서의 수업과 교육활동에 잘 참여하도록 지원해야 하는 특수교사 입장에서는 실무사와 사회복무요원에게만 의존하던 지원 인력의 공백을 다른 여러 가지 지원 정책을 통해 받을 수 있어서 다행이었다. 거기다가 기간제 교사를 지원받은 학교의 통합학급 수업을 보면 기존 실무사들이 할 수 없었던 교육과정 통합과 수업 시간에 필요한 맞춤식 개별화 교육을 즉시 제공할 수 있다는 점에서 큰 차이가 있었다. 그것은 전문가에 의한 지원이 얼마나 중요한지를 경험한 좋은 기회였다.

풍경 3: 민준이를 위한 특별한 수업

2020년, 전학 온 지 얼마 되지 않은 민준이(가명)는 대면 수업과 원격 수업을 병행하는 것에 별 어려움이 없어 보였다. 글을 읽고 쓸 수 있고 교과 학습을 어느 정도 따라갈 수 있었기 때문이다. 그러나 2021년 대면 수업이 늘어나자 상황이 달라졌다. 민준이의 장애를 친구들이 알게 되었다. 대면 수업이 전면화된 2022년, 민준이는 소리 때문에 머리가 너무 뜨겁다며 머리를 감싸고 특수학급에 와서 우는 일이 계속되었다. 수업 시간에 귀를 막고 있거나 친구들에게 조용히 하라고 큰 소리로 말해서 모두를 당황하게 만들기도 했다. 이런 민준이를 어떻게 해야 할지 몰라 고민하던 담임 교사가 상담을 요청해 왔다.

담임 교사와 협의를 통해 통합학급 학생들과 함께 선한 영향력,

자기조절, 진정하기와 회복하기를 위한 도움 활동, 타인 존중, 격려 활동, 다름 존중 활동을 담은 수업을 진행하기로 했다. 시간이 지날수록 민준이는 긴장을 풀고 점점 수용하는 분위기로 변해 갔다. 담임 교사도 이 수업에 관심을 갖고 지원자, 참관자, 때로는 학생의 모습으로 참여했다. 감각자극 이해하기 활동을 하면서 자폐인이 겪을 수 있는 시각, 청각, 촉각의 과민성을 학생들이 조금씩 이해하기 시작했다. 그 활동을 하는 동안 민준이는 시끄럽다고 교실에서 나갔고, 복도에서 진정하는 민준이를 담임 교사가 든든한 지지자로서 함께해 주었다. 민준이가 교실로 돌아오자 친구들은 부드러운 눈빛과 목소리로 맞이했다. 민준이의 표정도 한결 온화해졌다.

코로나로 인해 서로의 자연스러운 교류가 단절되었던 지난 2년을 돌아본다. 아쉬움도 많았지만 통합교육을 고민하는 특수교사에게 이런 경험은 통합교육은 열심히 한다고 해서 빨리 바뀌는 것이 아니라 조금씩 정성 들여 함께 시간을 보내다 보면 아이들 마음속에 서서히 스며든다는 믿음을 갖게 해 준다.

발달장애인과 그 가족의 연이은 죽음을 보며

2020년 1월, 국내에 처음 코로나 감염 환자 뉴스가 보도되었다.

얼마 지나지 않아 발달장애인 부모의 죽음과 뒤이어 장애인 당사자의 죽음이 있었다. 이후 전국에서 비슷한 사망 소식이 들려왔다. 그러나 코로나 이후 발표된 수많은 대책에서 특수교육대상 학생들을 위한 대책은 너무나 미미했다. 유·초·중등학교 매뉴얼에 형식적으로 '특수학교(급)'만 붙어 있는 경우가 대부분이었다.

특수교육대상 학생들과 가족에게는 교육의 문제가 학업이나 학력의 문제가 아닌 삶과 죽음, 그 경계 어디쯤 있는 절박한 생존의 문제라는 것을 우리 사회는 인식하지 못하고 있었다. 누군가에게는 교육권이 학습권을 넘어선 생존권의 문제임에도 학업 결손과 학력 격차만을 이야기하는 현실이 답답했다.

장애 학생들에게 학교는 배우고 가르침을 받는 교육의 현장일 뿐 아니라 안전하게 자신의 삶을 지탱할 수 있게 해 주는 안전지대다. 그리고 보호사에게는 아이들이 학교에 있는 동안이 그나마 잠시 한숨 돌릴 수 있는 숨구멍 같은 시간이다. 이 엄연한 현실을 코로나를 통해 더 절실하게 확인했다. 학교가 문을 닫고 지역 복지관과 도서관, 문화센터와 같은 공공기관마저 문을 닫았을 때 장애 학생들과 가족들은 갑갑함을 느꼈을 것이다. 그리고 그 갑갑함은 상상 이상의 고통으로 다가왔을 것이다.

원격 수업으로 얻은 것과 잃은 것

2020년 개학 연기에 이어 전면 원격 수업을 시작하고 등교 수업과 병행하면서 처음 경험하는 원격 수업에 교사도 학생도 모두 우왕좌왕했지만 최대한 학생들과 연결하고 소통하기 위해 애를 썼다. 특수학급도 예외는 아니었다. 전에 경험하지 못했던 컴퓨터를 이용한 수업을 시도하면서 장애 학생들에게 필요한 지원이 무엇인지 확실히 깨닫게 되었다. 4차 산업혁명으로 회자되는 지능정보화 시대에 장애 학생들도 스마트폰을 비롯한 태블릿PC, 노트북 등을 다룰 줄 알아야 한다는 것이다. 키오스크와 스마트폰 앱을 통해 주문하고 쇼핑하는 시대를 살아야 할 아이들이라는 것을 더 확실하게 깨닫는 계기가 되었다.

동시에 원격 수업의 한계도 경험했다. 개별적 지원이 필요한 학생은 기존 방식의 지원만으로는 불가능한 일이 많았다. 원격 수업을 도와줄 수 있는 조력자가 가정에 없을 경우 그 문제는 극단화되었다. 단순히 장애 학생에게만 해당하는 사례는 아니었다. 장애가 있지만 원격 수업에 적응도 잘하고 대면 수업보다 집중을 잘하는 경우도 있었다. 장애의 특성에 따른 측면도 있지만, 가정에서 보호자의 적절한 돌봄과 지원을 받을 수 있는 조건이 필수였다.

'지원'을 리모델링하라!

　코로나로 인해 우리는 지금까지 한 번도 경험하지 못했던 긴 터널을 지나왔고 지금도 지나고 있다. 많은 경험을 하고 교훈도 얻었다. 특히 이런 재난과 위기 상황에는 무엇보다 장애 학생을 비롯한 취약계층과 소외계층 학생에 대한 공적 서비스를 셧다운해서는 안 된다는 교훈을 얻었다. 지난 2년간의 과오를 짚어 보면서 앞으로 우리 사회가 고민해야 할 특수교육 문제를 정리하면 다음과 같다.

　먼저, 전문 인력 배치가 필요하다. 교육의 질은 교사의 질을 능가할 수 없듯이 지원의 질은 곧 지원 인력의 질을 능가할 수 없다. 장애 학생의 신변처리나 일상 생활기술 중심의 지원에서 한 걸음 더 나아가 통합학급 수업에 대한 질적 지원이 가능하도록 '통합교육 지원 교사'와 같은 인력이 필요하다. 물리적 통합은 이미 실현되고 있지만 사회적 통합과 교육과정적 통합은 넘어야 할 산이다. 이를 위해서는 담임 교사와 함께 교육과정과 수업, 평가 기준을 협의하며 통합학급을 지원해 줄 수 있는 수준의 전문 인력이 필요하다.

　둘째, 모두를 위한 맞춤형 교육 실현을 위해 무엇보다 장애 학생을 위한 맞춤형 지원이 필요하다. 장애 영역이나 장애 수준, 그리고 그 학생이 처한 상황에 따라 필요한 것이 다르다. 복지 시스템에서 사례 관리를 도입하여 맞춤형 지원을 하듯이 장애 학생을 위한 사례 관리와 맞춤형 지원 체제를 도입해야 한다. 특성이 다르므로 그 특성에 따른 지원의 종류와 내용이 달라야 하고, 장애가 비슷하더라도 개인별로 장애 수준과 그가 처한 상황에 맞게 지원해야 한다. 각 교육지원청 특수교육지원센터 내에 장애 영역별로 특화된 정보와 서비스 제공 체계를 갖추어 놓고 언제 어느 학교에서 새로운 장애 유형의 학생이 전·입학할 때라도 필요한 교육 지원 서비스를 제공할 수 있어야 한다.

셋째, 생애주기와 발달단계에 따라 지속적인 지원이 이어질 수 있는 시스템을 구축해야 한다. 장애 학생들은 학령기가 끝나면 오갈 데가 없다. 일부는 대학에 진학하기도 하고, 특수학교의 전공과 과정에 들어가기도 하지만, 비장애 학생들과는 아주 다른 삶을 살게 된다. 원하는 기관에 들어가고 싶어도 대기 기간이 길어지면서 집 안에 고립되거나 시설에 맡겨진다. 기관에 선정되어 들어가도 일정 기간이 지나면 나와야 한다. 매일 관계를 나누며 소통하고 일정 시간을 보내던 학교를 대치할 대안 체제를 만들어야 한다. 학령기 장애 학생들에게 가르쳤던 여러 생활 적응 기술들이 성인기 활동과 연결되어 성인기 삶에 필요한 생활기술로 확장되었으면 한다.

더욱 건강한 사회를 위해 진짜 변해야 할 것에 대해 사회적 협의를 시작하고 지금부터라도 변화를 시도해야 한다. 그래서 코로나 이후 많은 것이 바뀌었다고 말할 수 있게 해야 한다. 영문도 모른 채 부모 손에 짧은 생을 마감한 발달장애인, 한때는 누군가의 소중한 제자였고, 또 누군가의 제자로 우리와 함께했을지도 모를, 채 피지도 못한 발달장애인들의 죽음에 살아남은 우리가 최소한으로나마 할 수 있는 응답이리라.

학교가 평화의 케렌시아가 되기를 바라며

코로나19 이후 3년 만에 '여름아 놀자' 물놀이 활동이 우리 학교 운동장에서 열렸다. 장애 학생들은 여름에 수영장에 가기가 쉽지 않다. 그래서 2017년부터 학교 운동장에 워터파크를 설치하여 일주일 동안 학생들이 신나게 물놀이를 할 수 있게 했다. 학생들이 제일 기다리는 시간이고, 엄마들도 제일 좋아하는 교육활동이다. 신나게 물놀이를 하는 아이들의 모습을 보면서 우리 교사들도 함께 기뻐했다.

코로나19로 인하여 중단되었던 교육활동이 하나씩 다시 시작되면서 학교는 학생과 학부모, 그리고 교사에게 케렌시아가 되어 가고 있다. 케렌시아(querencia)는 스페인어로 안식처, 회복의 장소라는 뜻이다. 세상의 위험으로부터 자신이 안전하다고 느끼는 곳, 힘들고 지쳤을 때 기운을 얻는 곳. 학교는 특히 장애 학생들에게 그런 공간이다. 그러나 한동안 학교는 케렌시아의 공간이 될 수 없었다.

확진자가 나온 특수학교에는 배달하지 않습니다

2020년 2월 중순 코로나19 대유행이 시작되면서 우리 학교 학생 한 명도 확진이 되었다. 그 학생은 집에서 확진이 되어 병원에서 치료를 받았다. 당시 학교는 봄방학이어서 그 학생이 학교에 오지 않았고 다른 확진자가 없었는데도 언론에 먼저 보도가 되면서 구청에서 학교 방역을 시작했다.

봄방학이었지만 새 학기 준비로 교사들은 출근을 했다. 그리고 점심은 인근 식당에서 음식을 배달해서 먹었다. 그런데 우리 학교에서 확진자가 나왔다는 언론 보도로 인하여 배달이 한 달 동안 중단되었다. 그 학생이 학교에서 확진된 것이 아니었는데도 인근 식당에 이미 소문이 나서 배달을 해 주지 않았던 것이다. 확진자가 나온 특수학교에는 배달을 하지 않는다는 이유였다. 편견의 벽은 코로나19 바이러스만큼이나 사람들의 마음을 꽁꽁 얼어붙게 했다. 특수학교라는 이유로 우리 교사들은 지역공동체에서 편견의 벽을 마주했다.

통학버스에 학습 꾸러미를 싣고

코로나19로 학교가 문을 닫고 온라인 수업으로 전환되면서 중도, 중복 장애가 많은 특수학교는 고민이 더 많았다. 일반 학교에서 하는 것처럼 온라인 수업을 할 수 있는 학생들이 30퍼센트도 되지 않는 상황에서 교사들의 고민이 깊어졌다.

집에서만 생활해야 하는 학생들이 많은 특수학교 상황에서 기저 질환이 있는 학생들은 학교에 가는 것이 유일한 활동이고 외출인데, 학교가 문을 닫자 학생들은 더욱 집에만 있어야 했다.

그런 학생들을 위해 교육청에서 학습 꾸러미를 시행하기 전에 교사들이 회의를 거쳐 개별화 교육 프로그램처럼 개별 학습 꾸러미를 만들었다. 학생의 장애 특징과 선호를 고려하여 개별 학습 꾸러미를 준비했던 것이다. 감각 운동이 필요한 학생에게는 감각 치료 관련 교수학습 도구와 놀이 치료 도구를, 학습이 가능한 학생에게는 교사들이 직접 제작한 학습지를 꾸러미에 넣었다. 그리고 2주에 한 번 통학버스로 각 가정에 개별 학습 꾸러미를 직접 배달했다. 교사들의 따뜻한 사랑을 담은 개별 간식 꾸러미도 함께 말이다.

외출도 어려운 시기에 학교에서 오는 개별 학습 꾸러미를 학생들과 학부모들은 산타 할아버지의 선물처럼 기다렸다고 한다. 개별 학습 꾸러미가 도착하면 학부모는 학습지와 교재 교구에 손이 먼저 갔고, 학생은 좋아하는 과자에 먼저 손이 갔다고 한다. 이렇게 개별 학습 꾸러미가 시행되는 도중에 교육청 지침이 내려와 특수학교도 일반 교육과정 지침에 따라 온라인 교육으로 전환하게 되었다.

찾아가는 부모 상담

이동이 제한적인 장애 학생들, 특히 특수학교에 다니는 학생들은 학교가 유일한 소통의 공간이다. 학교에서 실시하는 체험학습, 수학여행, 소풍이 유일한 여행 경험이자 사회를 경험하는 통로가 된다. 그런데 코로나19로 집에만 있게 되면서 학부모, 특히 엄마들의 우울감이 극도로 높아졌다.

중증 장애인 가정에서는 활동 보조원을 구하기가 힘들다. 그래서 대부분 엄마들이 24시간 보육을 담당한다. 시간이 흐르면서 피로가 누적되자 엄마들은 담임 교사에게 고통을 호소했다. 이에 학교에서는 찾아가는 부모 상담 신청을 받기로 했다. 담임 교사가 학생과 엄마를 직접 만나는 시간을 갖기로 한 것이다.

상담 신청을 받은 결과, 반에서 거의 대부분의 엄마가 신청을 했다. 담임 교사와 부담임 교사가 조를 편성하여 가정방문을 하거나 가정에서 보는 것을 부담스러워하는 엄마들은 집 근처 공원에서 만나 상담이 이루어졌다. 담임 교사가 엄마들을 상담하는 동안 부담임 교사는 아이와 산책을 하거나 기저 질환이 있는 아이는 안전을 위해 옆에 머물면서 보살폈다. 상담 도중 우는 엄마들이 과반수였다. 장애 부모님들과 아이들에게 바이러스보다 사회적 고립이 마음에 더 큰 상처를 냈던 것이다.

일반 학교와는 다른 자율성이 필요하다

코로나19가 1급 감염병이 되면서 방역 지침에 따라 모든 것이 이루어져야 했다. 교육청은 교육부의 지침을 기다려야 했고, 학교는 교육청의 지침이 와야 움직일 수 있었다. 위기 상황에서는 학교 교육의 자율성보다는 지침에 따라 움직여야 하므로 코로나19는 책임이라는 틀에 학교와 교사들을 더욱 움츠러들게 했다.

특수학교는 과정별로 차이가 있지만 학급당 인원이 대략 4~7명이다. 대부분의 학생들은 통학버스로 등하교를 한다. 그런데 코로나19로 모든 활동이 제한되면서 학생들은 학교와 집만을 오갔다. 그래서인지 일반 학교에서 학생들의 확진이 증가하는 상황에서도 특수학교에서는 확진자가 거의 나오지 않았다. 교육부에서 내려오는 지침은 질병 위기 상황이라 획일적으로 일반 학교의 지침에 따라 일부 내용만 조금 수정하여 특수학교로 전달되는 경우가 많았다.

특수학교는 일반 학교와 달리 유치원·초·중·고·전공과 과정이 모두 함께 있다. 그래서 팬데믹 상황에서 더욱 혼란스러울 수밖에 없었다. 유·초등학교는 일반 유·초등학교 방역 관련 수업 지침을 따르고 중·고등학교는 일반 중·고등학교 수업 지침에 따라 운영되었다. 성인기에 있는 전공과 과정은 고등학교 수업 지침에 따라 학사가 운영되었다. 이렇듯 일반 학교의 수업 지침을 따르면서 등교하는 요일과 시간이 다 달라서 교육과정 운영에 많은 어려운 점이 있었다.

그러다 2021년 3월부터 학교장 재량에 따라 일반 학교가 온라인 수업과 부분 등교 수업을 병행할 때, 특수학교는 전면 등교 수업을 했다. 전면 등교가 시행되자 엄마들이 가장 좋아했다. 그리고 전면 등교하는 첫 개학식 날, 아이들이 통학버스에서 내릴 때 우리 교사들도 엄마들 못지않게 감격스러웠다.

그러나 감동은 잠시, 업무 과중과 책임감의 무게에 특수학교 현장에 있는 교사들은 매일 신상의 연속이었다. 교육부와 교육청은 전면 등교에 대한 모든 책임을 특수학교에 떠넘겼다. 교사들은 수업과 함께 방역이라는 큰 짐을 져야 했다. 게다가 보조 인력도 일반 학교에 준하여 배정하면서 교사들의 책임은 더욱 무거워졌다.

코로나19를 겪으면서 특수학교의 자율성이 더 많이 필요함을 절실하게 깨달았다. 그리고 지금처럼 모든 과정이 함께 있는 큰 특수학교보다는 작은 특수학교를 희망하게 되었다. 유·초등 특수학교, 중·고 특수학교, 평생교육 특수학교가 분리된다면 각 학생의 발달 연령에 맞는 교육 프로그램을 보다 적절하게 운영할 수 있고, 학교

시설도 연령에 맞게 구성할 수 있을 것이다. 특히 지금과 같은 비상 상황 속에서도 학생들과 부모들의 요구에 보다 발 빠르게 대응할 수 있을 것이다.

교육은 약한 채로 살아도 괜찮은 세상을 만드는 것

장애아를 둔 부모들은 자녀들이 코로나19로 학교에 가지 못하고 집에만 있게 되는 상황을 경험하면서 학교의 소중함을 더 많이 느꼈다고 한다. 그동안 당연하게 생각했던 매일 학교 가는 길이, 코로나19를 경험하면서 더욱 소중해졌던 것이다. 뿐만 아니라 학교는 세상의 위험으로부터 자신이 안전하다고 느끼는 곳, 힘들고 지쳤을 때 기운을 얻는 곳이었다. 이렇게 학교는 장애 학생들과 부모들에게 기다림의 케렌시아가 되었다.

무지개를 만나려면 비를 견뎌야 한다. 우리는 코로나19 속에서 교육의 현장인 학교에서 결핍과 중단을 경험하면서 학교 공동체의 소중함을 배웠다. 그리고 다시 일상으로 돌아온 학교 풍경 속에서 아이들이 운동장에서 신나게 물놀이하는 모습을 보면서 학교 공동체 구성원들은 무지개를 만들기 위해 많은 시간을 견디어 왔음을 절감한다.

교육은 약한 사람이 약한 채로 살아도 괜찮은, 그런 세상을 만드는 것이라고 생각한다. 우리 아이들에게 학교가 안전하고 따뜻한 평화의 케렌시아가 되기를 바라면서, 우리 교사들은 오늘도 꿈을 향해 걸어간다.

| 2부 |

코로나 이후의
교육을 위한
우리의 질문

디지털 전환은 시대적 흐름이다. 코로나19가 그 시간을 앞당겨 주었을 뿐이다. 그러나 하드웨어를 갖추어 놓았다고 해서 디지털 전환이 저절로 이루어지는 것은 아니다. 서류 중심의 감사 관행, 경직된 물품 구매 방식, 후진적 물품 관리 지침 등의 행정 문화가 디지털 문법에 맞게 바뀌지 않으면 반토막 난 디지털 전환일 뿐이다.

▶ 코로나19는 한 편의 재난 영화처럼 학교 현장을 휩쓸었다. 하지만 모든 고난을 극복한 주인공이 별일 없었다는 듯 다시 일상을 살아가는 영화와 현실은 다르다. 관객의 상상에 맡기며 생략되는 영화와 달리 현실에서는 재난 이후가 더욱 중요하다. 1부에서 살펴보았듯이 지역이나 교실에 따라 양상이 달랐다. 그럼 어떤 준비를 해야 또다시 닥칠 비슷한 재난에 대비할 수 있을까?

코로나19가 닥치자 그동안 감춰져 있던 학교의 민낯이 드러났다. 교사들이 아우성치자 행정기관에서는 부랴부랴 대응책을 마련했다. 하지만 코로나19가 잦아드는 지금, 학교는 다시 과거로 돌아가려 한다. 누군가에게는 회복이겠지만 현장을 지킨 교사들이 보기엔 역행이다.

코로나19 초기, 급박한 상황에서 거대한 관료 체계를 가진 교육부와 교육청은 우왕좌왕했다. 한 번도 경험하지 못한 팬데믹 상황에서는 한 번도 이루어지지 않았던 전격적인 지원이 있어야 하는데 지원은 대체로 한 발 느리고 한 끗이 부족했다. 그러자 교사들이 자발적으로 품앗이하듯 정보를 나누고 서로 돕기 시작했다. 교육부와 교육청도 이에 호응하여 긴급하지 않은 공문과 행정지도를 줄여 현장을 도왔다. 그렇게 만들어진 시공간을 오롯이 교육이 채웠다. 마치 모래주머니를 차고 달리는 달리기 선수처럼 과도한 행정 업무에 시달리던 교사들이 훨훨 날기 시작한 것이다. 많은 사람들이 바라고 상상하던 시간이 그야말로 도둑처럼 왔다.

그러나 긴박한 시간이 지나고 학교가 어느 정도 안정을 찾자 교육부와 교육청은 학교를 이른바 '정상화'시켰고, 학교는 다시 행정 업무 중심의 공간이 되었다. 우리는 어떤 방향으로 가야 할까? 학교 자치에 해답이 있지 않을까?

'적극 행정'에서는 코로나19의 경험에서 적극 행정을 통한 학교의 변화 가능성을 찾는다. 학교가 관료제를 넘어 더 나은 조직이 되고, 새로운 시대에 맞는 리더십을 갖출 것을 제안한다. 결국 학교 자치를 강화하는 방안이다. 원격 수업의 경험으로 맞이한 온라인, 디지털 교육의 경험을 발전시키는 것 역시 새로운 과제다. '디지털 전환과 멀티리터시 교육'에서는 지난 2년, 아니 그 이전부터 진행되어 오던 온라인, 디지털 교육이 학교에서 어떤 벽에 부딪히고 있는지를 다루는 동시에 그 가능성을 탐색한다.

교육 격차 이야기도 빼놓을 수 없다. 학교 외부에서는 단순히 학력이나 학습 격차에만 초점을 맞추고 있지만, 포괄적이고 종합적인 교육 그 자체의 격차 역시 중요한 문제다. 발달, 정서, 문화, 소득에서 나타나는 그 차이를 학교가 메울 수 있을 것인가? 계속해서 이슈가 되는 돌봄 문제는 어떻게 해야 할 것인가? 선진국이 되었지만 동시에 저출생의 문제를 마주한 새로운 한국의 교육은 어떻게 나아가야 할 것인가? 이러한 질문을 바탕으로 '격차 해소'에서는 우리 사회에서 학교가, 교육이 해야 할 것이 무엇인지에 대해서 제안해 보고자 한다.

공교육은 항상 변화를 모색해 왔으나 코로나19가 이를 앞당겼다. 이 책의 2부가 진짜 변화가 시작되는 작은 실마리가 되길 바란다.

코로나19 팬데믹이 가져온 적극 행정

유행을 넘어서는 교육의 본질을 생각하며

평소에 수많은 교육 관련 유행을 보면서 이런 생각을 하게 된다. 시대에 맞는 인재상, 교육관이란 무엇인가? 어릴 때부터 지금까지 유행한 것들을 기억나는 대로 꼽아 보자면 '완전학습' '창의력' '자기주도학습' '글로벌 인재 양성' 등이 떠오른다. 모두가 그 시대가 요구하는 인재상이나 교육관을 나타내고 있다. 교육에서 유행이란 무엇이고, 시대에 맞는 인재상이란 것에 대해 근본적인 의문을 품어 보자.

이것들 중에서 '자기주도학습'이니 '글로벌 인재 양성'이니 하는 말들은 주로 21세기에 유행했다. 그런데 20세기에는 자기주도학습이 중요하지 않았고, 글로벌 인재 양성을 할 필요가 없었을까? 구한말 세계사의 흐름을 읽지 못하여 우리가 근대화에 뒤처지게 됐다는 반성을 많이 해 왔다. 당시 서구의 앞선 문물을 먼저 받아들인 개화사상가들은 누가 뭐라고 해도 자기주도학습으로 세계적 시야를 갖추고 있었을 것이다. 비록 당대에는 인정받지 못하고 뜻을 펼치지 못한 면이 있지만 말이다. 구한말이라고 해서 창의적이고 자기주도적 인재가 필요하지 않았던 것은 아닐 것이다.

1970년대와 80년대 대한민국은 후진국에서 빠르게 선진국으로 다가가기 위해 노력했다. 새로운 것을 만들어 내기보다는 모방하고, 앞선 문물을 급하게 따라잡는 것에 치중할 수밖에 없었던 시기다. 그러나 이때에도 창의적 능력과 세계의 흐름을 읽는 능력은 여전히 중요했다. 비록 창의적 인재가 크게 인정을 받지는 못했다고 하더라도 창의성을 죽이는 교육을 하는 것이 교육의 목표가 될 수는 없었다.

포스트코로나19 시대를 이야기하면서 교육의 유행 사조를 먼저 언급한 것은 코로나19 시대와 포스트코로나19 시대가 과연 '무엇이' 달라져야 하는지를 고민해 보자는 취지에서다.

학교의 구시대적 디지털 정보화를 10년 앞당긴 코로나19

코로나19 시대는 무엇보다 학교의 디지털 정보화를 여러 면에서 10년 정도 앞당기는 효과를 가져왔다. 가장 눈에 띄는 변화는 모든 학교에 무선 인터넷망이 설치되었다는 것이다. 학교 무선 인터넷망 설치는 디지털 정보화 능력이 앞서는 교사들의 숙원 사업과 같은 것이었다. 초고속 통신망이 전 세계에서 가장 먼저 깔리고 디지털 정보화 인프라가 가장 앞서가는 나라라고 평가받는 대한민국의 학교는 사회 일반의 정보화 속도에 비해 뒤처져도 한참 뒤처져 있었다. 무선 인터넷이 되지 않는 학교라니…….

코로나19 팬데믹이 만들어 낸 원격 수업의 전면 도입이 아니었어도 모든 학교에 무선 인터넷망이 깔려 있어야 했고, 디지털 교과서를 제작했으면 이를 활용할 디지털 디바이스가 학생들에게 지급되어 있어야 했다.

코로나19가 아니었다면 학교에 무선 인터넷망은 언제쯤 전면화될 수 있었을까? 디지털 디바이스는 교사와 학생들에게 언제쯤 전면적으로 지급될 수 있었을까? 아마 10년은 걸렸을 것이다. 코로나19는 이렇게 대한민국 모든 학교의 디지털 정보화를 급속히 앞당기는, 의도하지 않은 결과를 가져왔다.

적극 행정이 아니었으면 감당하지 못했을
학교의 정보 보안 지침들

학교 정보화 중에서 가장 뒤떨어진 분야가 보안 관련이었다. 코로나 이전에 교사들은 학교의 교사용 인터넷망을 이용해서 상용 메일, 카카오톡이나 밴드 같은 상용 SNS를 사용할 수 없었다. 교사가 사용하는 컴퓨터와 인터넷망은 행정용으로 쓰기도 하지만 수업 중에는 학생들 발표용 도구로도 사용하는 복합적 기능을 하는 교육 기자재다. 발표를 하거나 준비하려면 학생들은 이메일이나 SNS를 활용해야 했고, 교사들도 상용 메일이나 SNS를 이용해서 소통을 해야 했다. 물론 산업 스파이 등 회사 기밀 유출 때문에 일반 기업에서 보안이 엄격한 것은 사실이다. 그러나 학교는 일반 기업과 다르다. 교사와 학생의 교류가 빈번하게 이루어져야 하는 곳이며, 그런 특수 목적을 위해 외부 침투나 기밀 유출의 위험으로부터 상대적으로 안전한 곳이다. 그러나 발생 확률이 극히 낮은 사태를 방지하는 것을 최우선에 두고, 가장 중요한 필수적 기능인 교육적 필요는 철저하게 무시해 왔다.

이 문제가 코로나19와 함께 교육적 필요에 대한 목소리가 커지면서 해결되었다. 교사망에 연결된 컴퓨터로는 사용할 수 없었던 상용 메일과 SNS가 열리는 것을 넘어서 구글 클래스룸, 줌, 패들렛, 카훗 등 여러 상용 서비스들이 학교 안으로 물밀듯이 들어왔다. 원격 수업 전면화라는 교육적 필요 앞에서 온갖 보안상의 문제나 행정 규제가 한번에 풀린 것이다.

쉽지는 않았다. 교육부는 코로나19 사태 앞에서 학교의 원격 수업 준비 상태 등을 점검하며 어찌할 줄 몰라 전전긍긍했고, 결국에 '교사들의 역량을 믿는다'는 말까지 나왔다. 코로나 이전에는 거의 들어 보지 못한 말이다. 그러나 코로나 이전에도 이후에도 어차피 현장에서 교육을 해야 할 사람은 교사들이었다.

시작하려니 곳곳에서 문제에 봉착했다. 일단 무언가 시도하고 싶어도 기본적인 장비가 없었다. 그 장비를 사기 위해서는 돈이 필요했다. 교육부에서는 원격 교육에 필요한 전산 장비 구입 등에 관한 규제를 해제한다는 공문을 내려보냈다. 갑자기 어디서 돈이 나올 수는 없으니 학교 예산을 추경하여 원격 수업으로 집행이 불가해진 사업비 등을 정보기기 구입 예산으로 전용할 수 있도록 특단의 조치를 한 것이다. 이 정도의 적극 행정이 시행된 상황이라면 단위학교는 학교 예산을 최대한 추경하여 원격 교육 지원에 투입했어야 하는데, 일부 학교에서는 여전히 기존의 패러다임에서 벗어나지 못하는 방식으로 예산을 집행했다.

이 학교 간 차이는 예산 편성과 집행을 결정하는 학교장과 행정실이 전면 원격 수업을 어떻게 바라보는지, 그 인식의 수준과 학교 민주주의 실행 정도에 따라 다르게 나타났다. 어느 학교는 가능하고, 어느 학교는 행정실상에 막혀서, 교장에 막혀서 불가한 것들이 있는 게 현실이었다. 개별 교사마다 웹캠과 마이크가 필요하니 구입해야 한다는 것을 관리자들에게 이해시키는 것이 힘들었다는 학교도 있었다.

법적 필수 조항, 원격 수업 관련 외에는 축소, 폐지해야

학교별 차이는 있었지만 교육행정이 교육활동에 집중할 수 있게 지원한 것은 이것만이 아니다. 학교 평가나 감사, 교육청에서 실시하는 각종 출장이나 지침에 대한 간소화 조치가 이루어졌다. 현장 교사들은 교육청의 온갖 규제성 지시가 줄었다는 것을 확실히 체감할 수 있었다. 원격 수업을 처음 시도하면서 학교에서 상호 협의해야 할 것, 조정해야 할 것들이 많았고, 수업 준비에도 더 많은 시간과 노력이 필요한 상황이었기 때문이다. 계속 바뀌는 등교 지침과 방역 지침에 정신없이 바쁜 와중에도 교사들이 빠르게 코로나19 시대에 적응할 수 있었던 배경에는 이런 적극 행정 지원이 있었다.

우리는 여기서도 같은 맥락의 질문을 던질 수 있다. 원격 교육을 위한 적극 행정은 과연 코로나19 팬데믹에만 유효한 것일까? 코로나19 이후에도 교육 그 자체를 위해 집중하는 교육행정을 상상하는 것은 불온한 것일까?

코로나19를 겪으며 우리는 교육부와 교육청, 일선 관리자로 이어지는 행정 라인에서 현장 교사의 요구를 수용하는 자세에 있어 교육청과 학교 관리자보다 교육부가 더 유연하다는 것을 확인할 때가 많았다. 상용 메일 허용건이나 정보화 기기 구입에서 예산 전용을 허용하는 과정에서 교육부는 이를 수용적으로 지시한 반면, 일선 교육청과 학교 관리자는 이런 지침을 이해하지 못하고 거부하는 경우가 다양하게 드러났다. 이런 일들이 왜 벌어졌는지 살펴보면 우리나라 교육행정 개혁에 필요한 중요한 시사점을 찾을 수 있을 것이다.

교육행정의 단면을 고스란히 보여 준 보안 서약서 논란

교사들의 재택근무가 처음으로 시행되면서 여러 시행착오가 나타났다. 그중 대표적인 것이 보안 서약서 제출 논란이었다. 보안 서약서에서 문제가 된 것은 다음의 문구다.

— 재택근무 수행 중 근무 장소에 가족을 포함한 외부인 출입을 금지한다.
— 근무 장소에 카메라, 캠코더 등 촬영 장치를 반입하지 아니한다.

혹시나 있을지도 모르는 중대 기밀을 다루는 직장에서는 이런 지침이 필요할 것이다. 그러나 교사는 웹캠과 마이크 등이 장착된 컴퓨터로 학생들과 소통하며 수업을 진행해야 하는 직업이다. 그런데도 보안 서약서에는 교사들이 마치 중대 기밀을 빼돌리기라도 하는 것처럼 기술되어 있다. 게다가 전 국민이 사회적 거리두기에 따라 재택근무를 하고 있는 상황, 즉 재택근무 중인 교사에게도 학교에 가지 못한 자녀나 돌봐야 할 가족이 있다는 것을 전혀 고려하지 않고 있다.

현실적으로 근무 장소에 어린 자녀가 드나들지 못하게 금지할 수 있을까? 누군가 돌봐줄 사람이 있어야 가능할 것이다. 더구나 출산과 육아를 장려하는 상황에서 근무지에 아이를 데려올 수 있는 환경을 만들어야 한다는 목소리도 있는 상황에 이런 비현실적인 지침을 내리고 이에 동의하는 서약서를 제출하라고 하니 교사들은 반발할 수밖에 없었다.

더욱 큰 문제는 이런 말도 안 되는 보안 서약서 내용을 철회하는 과정에서 교육청 담당자와 행정 라인 간에 엄청난 논쟁이 있었고 시간 소모가 발생했다는 점이다. 지킬 수 없는 보안 서약서에 대해 합리적인 문제를 제기했음에도 이를 해결하는 것조차 쉽지 않은 것이 현재 교육행정 시스템의 곪고 곪은 문제다. 처음 이 문제가 논란이 되었을 때에는 교사들이 재택근무를 하는 것은 초유의 상황이니 일반행정직 중심으로 마련된 지침이라 비현실적 측면이 있을 수밖에 없는 상황이었다고 이해할 수 있었다. 다만, 이런 지침을 내려보내기 전에 이 같은 비현실성을 사전에 확인하고 조정하는 조치가 없었다는 것이 아쉬웠다. 그러나 관행적으로 그러려니 이해했던 것이 이후의 논란과 해결 과정을 지켜보면서 이런 지침에 대해 아무런 문제의식도 없고 오히려 확신을 갖고 있는 관료가 여전히 많다는 사실에 경악했다.

위에서 군림하며 장학하는 교육청이 아니라 학교 현장의 교육활동을 지원하는 교육청이라는 의미로 시·군·구 교육청의 이름이 교육지원청으로 바뀐 지 10년이 넘었다. 그러나 명칭만 바뀌었을 뿐 과거의 관료제적 기능은 여전히 강고하다는 것을 여실히 보여 준 사건이었다. 학교는 교육활동보다는 교육행정에 예속되어 있고, 교육청은 여전히 일선 학교의 요구를 받아서 해결하고 지원해 주는 곳이 아닌 상명하달의 기관으로 작동하고 있다.

미완의 과제 실행을 위한 적극 행정이 필요하다

오미크론의 큰 파고가 지나가면서 코로나19의 위세가 약해지고 학교는 다시 일상으로 돌아오고 있다. 정상 등교 구호와 함께 일상으로의 회복은 코로나 이전으로의 강력한 회귀처럼 보인다. 일상과 함께 종합감사가 기존 방식으로 부활하고, 별 의미 없이 관행직으로 하던 사업들이 다시 시작되고, 미뤄 두었던 여러 행정 조처들이 살아나고 있다. 이에 반해 디지털 기기의 보급, 전면 등교에 따라 모든 학생이 사용할 수 있는 무선 인터넷망의 안정화, 원격 수업 경험을 전면 등교에 접목할 수 있는 맞춤형 교육을 위한 여러 지원 사업, 종이로 제출해야 하는 관행의 온라인화 등은 여전히 미완의 과제로 남아 있다.

당장 전면 원격 교육을 운영해야 하는 시급한 상황에서 주먹구구식으로 급한 곳을 막는 땜질 처방식 디지털 정보화 지원은 다시 사업 평가를 통해 체계적으로 진행되어야 한다. 교육에 전념할 수 있게 지원했던 적극 교육행정 경험은 잘 정리하여 앞으로의 방향으로 삼아야 한다. 코로나19가 아니었다면 이 정도의 전국적인 규모로 실시간 실험을 할 수 없었을 것이다. 학교의 디지털 정보화가 이렇게 빠르게 진전될 수 없었을 것이다.

포스트코로나19 시대의 과제는 코로나19 시대와 질적으로 다를 수 없다. 코로나19 시대의 경험 자체에 기반하여 포스트코로나19 시대의 과제를 제시하고, 이를 바탕으로 또 다른 교육의 방향을 잡고 이를 실천해야 한다. 이를 위한 보다 적극적인 교육행정의 지원이 지금 무엇보다 필요하다.

기술의 도입은 왜 학교 문턱에서 멈추는가?

바뀐 학교 풍경, 그러나 바뀌지 않은 것들

시대가 많이 변했다지만 학부모라면 자녀가 학교에서 받아 오는 종이 안내장 뭉치가 여전히 낯설지 않을 것이다. 특히 새 학년을 시작하는 3월에는 각종 정보 제공에 대한 동의서, 방과후 프로그램을 비롯한 학생 참여 관련 신청서, 학부모회 등 학부모 참여 안내장 문서 꾸러미를 받는다. 3월뿐이랴, 4월이 되면 학부모 참관 수업, 기타 학부모 교육, 체험학습 등에 대한 신청서를 받고 주간 학습 안내 및 급식 안내, 각종 교육 자료 등을 매월 정기적으로 받게 된다.

가정에서는 그렇게 받은 안내장 하단의 신청서를 작성하고 신청서 부분만 잘라서 자녀 편에 학교에 제출하는데 그 과정에서 보호자의 이름과 서명, 자녀의 학년과 반, 이름 등이 담긴 종이를 잃어 버려 개인정보 유출을 걱정하는 경험을 해 본 가정도 있을 것이다. 깜빡하고 종이 신청서를 제출하지 않아 담임 교사로부터 확인 연락을 받은 경험도 있을 것이다.

종이 안내장이나 신청서를 배부한 교사는 회신받은 내용을 정리하기 위해, 마감일까지 아침마다 학생들이 가져오는 종이를 종류별로 분류하고 미제출자를 확인하기 위해 체크리스트에 기록한다. 제출하지 않은 학생에게 다시 고지하고 마감날이 되어도 가져오지 않으면 보호자에게 추가 메시지를 보내고 다시 안내장을 배부한다. 그래도 제출하지 않으면 보호자에게 전화를 해서 내용에 대한 동의를 받는다.

그렇게 종이 문서 회수가 완료되면 그걸로 끝일까? 아니다. 이제 그 내용을 엑셀 파일 등에 입력하고 그 파일을 업무 담당 교사에게 전송해야 한다. 각 반에서 제출한 파일을 받은 담당 교사는 다시 파일을 통합하여 학교 업무용 내부결재 프로그램에 입력하고 결재를 올린다. 입력이 완료된 종이 문서는 학생과 보호자의 개인정보가 담겨 있기 때문에 시건장치 안에 보관하다가 보관 기간이 끝나면 문서 세단기로 폐기한다.

학교 밖의 생활은 모바일 기기의 대중화와 함께 각종 정보의 수신과 신청 등이 모바일로 진행된다는 점을 감안하면 학교는 여전히 과거에 살고 있었던 셈이다. 이런 상황이 코로나19로 급격하게 변했다. 가정통신문용 앱을 활용해 교육활동과 관련된 모든 안내와 신청을 온라인으로 할 수 있게 된 것이다. 코로나 이전에도 이런 앱을 활용하는 학교가 늘고 있었지만 여전히 많은 학교가 종이로 안내하고 종이로 받는 방식을 고수하고 있었다. 비대면 상황은 그런 과거의 방식이 더 이상 유효하지 않음을, 대부분의 문서 송수발을 온라인으로 가능하게 해야 하고, 이미 가능한 방법이 있다는 것을 일깨워 주었다.

요즘 시대에 아직도 종이로 제출해야 하는 것들

그럼에도 여전히 '종이'로만 신청해야 하는 것들이 있다. 바로 학생의 출석과 관련된 서류다. 결석계와 교외 체험학습 신청서가 대표적이다. 코로나19로 인해 인정 결석 요인을 확인하는 서류 제출이 폭증했다. 확진자가 동거인일 경우 동거인의 확진 관련 증빙 서류를 제출해야 감염병으로 인한 인정 결석 처리를 할 수 있었다. 본인이 감염된 경우도 마찬가지였다. 더 애매한 것은 코로나 유증상으로 인한 결석이었다. 증상이 나타나서 사라질 때까지 매일 체온, 기침이나 콧물 같은 유증상 여부를 종이 문서에 기록해서 제출해야 등교할 수 있었다.

감염자가 많지 않았던 2020년에서 2021년 상반기까지는 그래도 이 지침들이 관행대로 작동할 수 있었다. 그러나 2021년 하반기부터 감염자가 늘어나면서 학교의 결석계 관련 서류철은 사상 유례가 없을 정도로 두꺼워졌다. 교사는 교사대로 관련 서류 제출을 종용하고 받은 서류를 잃어버리지 않게 잘 보관하고 출결 기록을 완료한 후 편철하는 업무를 감당해야 했다. 이런 현장의 아우성을 교육부가 수용하면서 코로나 관련 인정 결석에 필요한 서류가 대폭 간소화되었다.

처음에는 공식적인 통지문을 학교에 제출해야 했지만 이를 간소화해서 문자나 카카오톡으로 고지받은 내용을 문자 메시지 등으로 송수신하고 교사가 이를 출력하여 편철하게 되었다. 2022년 3월, 10만 명이 넘는 확진자가 연일 쏟아지면서 이마저도 감당하기 어려운 상황이 되자 3월 14일부터는 담임 교사가 문자 메시지 등으로 확인한 후 관련 서류의 출력이나 편철 없이 간소화된 양식에 기록하여 제출하는 방식으로 변경되었다.

이 같은 경험을 한 교사들은 이런 확인 절차가 왜 코로나에 한해서만 가능한 것인지 의문을 품게 되었다. 이런 출결 확인 과정이 왜 교사 개인의 휴대전화나 SNS 계정을 이용해야 하는 것인지, 공적으로 제출하고 확인하는 시스템 구현은 왜 시도되지 않는 것인지 묻게 되었다.

자가진단 앱을 출결 관리용으로 사용할 수는 없을까?

2020년, 학교 내에서 코로나19 집단 감염이 발생하는 것을 사전에 대비하기 위해 '건강상태 자가진단' 앱이 개발되었다. 학생과 교직원은 매일 아침 앱을 열어 자신의 건강 상태, 가족의 감염 여부, 밀접 접촉자 여부를 체크해야 했다. 체크 내용에 따라 등교 가능이나 등교 중지 문구가 떴다. 담임 교사는 학생들의 응답 내용을 확인해서 응답하지 않으면 독려 알림을 보냈다. 초기에는 접속 지연 등의 문제가 발생하기도 했고, 담임 교사는 매일 아침 이를 확인하고 독려해야 하는 추가 업무에 학교생활기록부의 출결 시스템과 연동되지 않아 앱은 앱대로, 출결 증빙과 기록은 별도로 해야 했다. 게다가 보호자나 학생의 응답에만 의지하다 보니 거짓이나 허위 보고를 막을 방법도 없었다. 그러나 이 앱의 존재를 통해 교사들이 확인한 것은 이런 것이었다.

'이 앱을 출결 서류 제출용으로 변경하면 어떨까?'

코로나19에 감염되었다는 통지를 받았다면 그 내용을 이 앱을 통해 등록하게 하는 것이다. 교사는 개인 휴대전화나 SNS가 아닌 공식 앱에 접속해서 이를 확인하고 교사의 확인 버튼 클릭과 함께 학교생활기록부 시스템으로 이관되어 출결 관리에 자동 반영되는 그런 시스템을 구현하는 것이다. 코로나19 관련 사안으로만 국한할 필요도 없다. 교외 체험학습 신청도 이 앱을 통해서 하고 보고서도 이 앱을 통해 제출하게 해서 종이 편철을 줄이기만 해도 담임 교사의 업무 부담은 한층 줄어들 것이다.

물론 자가진단 앱과 같은 간단한 응답 시스템을 운영하는 서버가 감염이나 병결 통지, 체험학습 신청서 제출을 모두 감당할 수 있는 상황은 아닐 것이다. 엄청난 비용이 추가된다고 난색을 표할 수도 있지만, 코로나19를 겪으며 온라인 학습 시스템을 구축하기 위해 e학습터나 위두랑, 온라인클래스 등의 서버 용량을 대규모로 확대했던 것을 생각하면 고려해 볼 만하다고 생각한다.

종이 안내장이 꼭 필요한 경우도 있다. 스마트폰 활용이 어려운 취약계층 등을 위해 필요에 따라 종이 문서를 제공해야 할 수도 있다. 하지만 중심을 어디에 두느냐는 모든 의사결정 과정에서 매우 중요한 문제다. 대부분의 가정에서 모바일이나 인터넷을 통해 정보를 충분히 전달받고 응답할 수 있는 상황임을 인지하고 종이 문서 배부, 취합, 통계 작성에 쓸 노력을 교육활동에 집중할 수 있도록 하겠다는 방향을 설정하는 것은 꼭 필요한 일이다. 더불어 장애가 있거나 다문화 가정 등은 온라인을 이용할 때 장벽이 오히려 해소될 수 있다. 모바일 페이지의 내용을 음성으로 들을 수도 있고, 자동번역 프로그램을 통해 자국어로 내용을 확인할 수도 있는 것이다.

다양한 교육용 플랫폼 구독과 활용에 인색한 학교 문화

교육적으로 의미 있고 좋은 기술이 제대로 활용되지 못하는 것은 가정에 정보를 제공하는 영역만이 아니다. 코로나19의 확산으로 긴급하게 원격 수업을 도입하면서 학교 현장에서는 줌(ZOOM)이라는 프로그램을 많이 활용했다. 교육기관용 메일로 인증을 받으면 사용 시간에 제한을 받지 않고 무료로 사용 가능한 혜택을 제공하면서 많은 교사들이 선택할 수밖에 없었던 측면도 있다. 그러나 구글 미트, 웹엑스, 팀뷰어, MS의 팀즈와 같은 다양한 화상회의 플랫폼이 있었음에도 줌으로 수렴된 배경에는 직관적인 사용 방법이 크게 작용했다고 본다. 별도의 로그인이나 프로그램 설치 없이도 실시간 화상 수업에 참여할 수 있기 때문에 이런 디지털 기기 활용이 어려운 학생들과 수업하는 데 주요 장점으로 작용한 것이다.

그러나 2021년 7월로 교육기관 무료 사용을 종료하겠다는 공지가 뜨면서 문제가 발생했다. 그 편의성이 인정되어 원격 수업에 두루 활용되고 있었고 교사와 학생이 모두 익숙해진 프로그램임에도 유료화를 위한 계정 구입에는 학교 관리자들이 난색을 표명한 것이다. 이에 대한 교육부나 교육청의 답은 한국에서 개발한 프로그램을 사용하라는 것이었다. 그러나 현실은 EBS 온라인클래스에서 개발한 화상 수업 프로그램도, 한국교육학술정보원(KERIS)에서 운영 중인 e학습터에 탑재된 화상 수업 프로그램도 줌 이상의 퍼포먼스를 보여 주지 못했다. 오히려 현장의 혼란을 가중시켰다. 이 문제는 줌에서 교육기관 무료 계정 사용기한을 연장해 주면서 해결되었다.

실시간 화상 수업 프로그램에서만 이런 문제가 발생한 것이 아니다. 온라인 수업을 진행하면서 단순히 내용 전달이 아니라 쌍방향 소통이 가능한 플랫폼들이 발굴되었다. 대표적인 것이 패들렛, 알로, 멘티미터, 잼보드, 티처메이드, 카훗, 페어덱 같은 실시간 쌍방향 협업 도구들이다. 이런 온라인 협업 도구는 개인 계정이나 기관 계정으로 구독해야 하는데 그 비용을 학교 예산으로 사용하는데 어려움이 많았다. 교육적 필요성을 근거로 구입해야 하는 이유를 설득하는 과정을 거치니 해외 결제라 안 된다는 장벽을 또 넘어야 했다. 이 문제를 해결하는 방식 또한 각 학교마다 달랐다. 어떻게든 설득 과정을 거쳐 해외 결제가 가능한 방법을 찾은 학교가 있는 반면 학교 예산을 포기하고 개인 비용으로 지불하고 사용하거나 팅커벨이나 퀴즈앤 같은 국내 개발 프로그램으로 대체하는 경우도 있었다.

다른 나라에서는 자치구나 주, 교육구 단위로 관련 프로그램 제공 업체를 정하면 학교가 그 프로그램을 사용하는 것이 이미 자리 잡았지만 우리는 아직 이런 문화가 낯설다. 코로나19를 거치면서 교사들은 글로벌 수준의 다양한 온라인 협업 도구, 비대면 수업 플랫폼을 경험했다. 한국의 영세한 에듀테크 기업들이 글로벌 수준을 따라가기에는 많은 투자가 필요한 것도 현실이지만, 교육부가 막대한 예산을 들여 개발한 플랫폼들도 교사들의 선택을 받지 못하고 있다. 교육부가 주도하고 KERIS가 운영하는 대표적인 학습 및 소통 플랫폼인 위두랑과 e학습터, EBS가 운영하는 온라인클래스가 전면 등교가 시행된 이후에는 새로운 학급이 개설되지도, 블렌디드 수업을 위한 플랫폼으로 선택받지도 못하는 이유가 여기에 있다.

기존의 관행과 민간 에듀테크 기업 사이의 명암

최근 모바일 접속 환경의 발달과 코로나19로 인해 학교에서는 교육기관용 앱(주로 가정통신문)을 공식적으로 구독하고 있다. 문제는 이런 앱을 운영하는 업체 상당수가 학교의 이용료를 통한 수익뿐 아니라 광고 수익에 집중하는 경우가 많다는 것이다. 그 결과 학부모는 학교에서 안내한 내용을 확인하기 위해 설치한 앱에서 학원이나 학습지 등과 같은 사교육 광고를 접하는 아이러니한 상황을 마주한다. 학교에서 선정한 가정통신용 앱을 사용하면 학생뿐 아니라 보호자 개인정보도 해당 회사에 제공해야 하는데 자녀가 여럿이고, 학교급이 다를 경우 학교마다 다른 플랫폼에 여기저기 가입할 수밖에 없다.

물론 교육부가 공식적으로 개발한 앱이 없는 것은 아니다. KERIS에서 운영하는 '나이스(NEIS) 대국민 서비스' 앱이 있다. 그러나 이 앱은 학교 교육활동 등에 대한 상시적인 안내나 학부모의 회신을 취합하는 기능이 없다. 나이스에 기록된 정보를 보여 주는 단순한 용도로 개발된 앱이기 때문이다. 주목적이 다를 뿐 아니라 복잡한 인증 절차로 인해 학교 현장에서 소통용으로 거의 활용되지 않는다. 나이스에는 학부모 서비스 항목으로 가정통신문이라는 하위 메뉴가 있어서 학교와 교사가 문자 메시지로 가정통신문이나 알림장을 보내는 프로그램이 탑재되어 있다. 그러나 그 문자 메시지 전송 프로그램을 이용하면 요금이 학교로 청구된다. 어느 학교에서는 한 달 통신 요금이 60만 원 넘게 청구되었다며 나이스 문자 메시지 프로그램 사용을 자제해 달라고 요청하기도 했다.

기존 관행대로 교육부가 주도하여 KERIS를 통해 운영하는 방식을 고수할 것인가, 민간 에듀테크 기업에서 좋은 프로그램과 플랫폼을 개발할 수 있게 지원할 것인가, 이 문제는 장단이 있기 때문에 하나로 결정하기는 어려울 것이다. 다만, 교육부 주도로 진행되는 나이스 시스템, e학습터, 위두랑 같은 플랫폼이 왜 현장의 외면을 받는지 살피고 개선할 점들을 찾아 고쳐야 한다. 에듀테크 관련 주요 사업을 KERIS가 수주받아 운영하고 있지만 이 또한 민간 에듀테크 기업에 하청을 주는 형태라 수익 배분 구조가 얽히고설켜 있는 상황이다.

민간 에듀테크 기업에 하청을 주어 공적으로 개발된 여러 프로그램이나 플랫폼이 일반 상용 프로그램보다 접근성이 떨어지는 이유는 무엇일까? 예산, 기술, 칸막이 행정에 층층시하 결재 라인과 같은 공공사업이 갖는 여러 관료제적 한계 때문일 것이다. 그 과정에서 학교에서는 하나의 안내장을 관리자의 결재를 받기 위해 내부결재를 올리고, 학교 홈페이지에 올리고, 가정통신용 앱에도 올리고, 일부는 인쇄해서 나누어 주기도 하는, 삼중사중의 일을 하고 있다. 클라우딩 시스템으로 정보의 입력과 수정, 확인이 실시간으로 이루어지는 기술을 가진 시대의 학교의 모습이다.

4세대 지능형 나이스는 이런 요구를 담을 수 있을까?

교육부가 주도하여 개발한 프로그램이나 플랫폼은 보안과 지속성 등의 측면에서 더 안정적이라는 장점이 있지만 여러 행정 절차 등의 문제로 시장의 흐름과는 동떨어진 채 개발 당시의 기술만 구현되고(그것도 한 발 늦게) 급속하게 바뀌는 기술에 따른 업데이트는 거의 진행되지 않는 단점이 있다.

2022년 현재 클라우드, AI, 빅데이터, 블록체인 등의 기술을 활용한 4세대 지능형 나이스 개발 작업이 진행 중이라고 하나 과학기술정보통신부의 대기업 참여 제한으로 중소기업 컨소시엄으로 개발되고 있다. 국가가 중소기업을 지원해야 한다는 정책 기조에는 누구나 동의할 것이다. 그런데 그 영역에 꼭 교육이 포함되어야 하는지, 유·초·중·고 모든 학생의 생활기록부와 건강기록부, 공문 송수발 시스템을 중소기업에 맡겨도 되는 것인지 의문이다. 중소업체가 개발한 프로그램이 보여 준 한계는 이미 명확하다. 학교행정 및 회계처리 시스템인 K-에듀파인 도입 당시의 먹통 사태, EBS 온라인클래스의 개편과 화상 수업 시스템 도입에서의 대혼란 등이 대표적이다.

교육기관의 공문 송수발과 회계 운영과 관련된 K-에듀파인은 미래형 프로그램이라는 홍보와 함께 도입되었지만 빛 좋은 개살구도 되지 못했다. 개선된 기능은 거의 없고 공문 송수발 시스템이었던 업무관리 프로그램과 학교 회계 프로그램을 하나로 합쳐 놓은 것에 불과했기 때문이다. 여전히 문서 검색과 자동화 지원이 빈약해 실질적인 업무 환경 개선에 도움이 되지 않고 있다. 게다가 도입 초기인 2020년 먹통 사태가 일어나 코로나로 혼란했던 학기 초 업무 상황을 더 어렵게 했다. 이런 문제가 온라인클래스와 e학습터 개편 과정에서도 반복되었다.

이러한 선례에 비춰 볼 때 4세대 지능형 나이스 개발에 언급되는 클라우드, AI, 빅데이터, 블록체인 등의 기술 활용이라는 이름이 얼마나 교사, 학생, 가정에 도움을 주는 방식으로 구현될지 의문이다. 실제로 주로 언급되는 기능은 고교학점제 운영과 클라우드 시스템

도입 정도다. 앞서 언급한 종이 문서 없는 학교 만들기를 위한 결석용 증빙 서류, 체험학습 신청서 및 보고서, 개인정보 제공 동의서처럼 보호자의 서명이 필요한 각종 서류 제출 온라인화와 생활기록부 시스템으로의 자동 이관 시스템 구축 등은 언급되지도 않고 있다.

AI 교사가 아니라 AI 교육행정 도입이 먼저다

AI 도입은 AI가 가장 잘할 수 있는 영역에 적용하는 것이 효과적이다. 한 사례를 살펴보자. 미국의 MD앤더슨 암센터는 2013년 IBM사의 AI 컴퓨터 왓슨(Watson)을 이용해 암을 진단하고 치료 계획을 추천하는 프로그램을 개발하려 했다. 그러나 천문학적인 비용 증가로 2017년 프로그램 개발을 잠정 중단했다. 한편 암센터의 정보팀에서는 상대적으로 단순한 인공지능을 활용해 환자 가족에게 주변 숙소나 식당을 추천하고 병원비 수납, 케어 매니저 데이터 입력 시간 축소, 정보 팀원 문제 해결 등 현재 AI가 잘할 수 있는 영역에 대한 전환을 통해 환자 만족도와 재무 성과를 모두 높였다. 두 영역의 AI 기술 수준은 분명 다르지만 결과적으로 암센터는 현재 활용이 가능한 AI 기술로 암치료 역량을 향상시킬 수 있었던 것이다.

최근 우리나라 교육계에도 AI를 통한 학습 지원 이야기가 많이 나온다. 하지만 디지털 수업이 우리 생활을 혁신적으로 바꿀 것이라는 기대와 달리 수많은 시행착오가 있었던 2020년 이후 원격 수업 사례를 떠올려 볼 때, 그것은 과도한 장밋빛 기대일 수도 있다. 틀린 문제와 유사한 문제를 제공하는 방식은 지금 기술 수준에서 구현 가능한 방식이며, 실제로 교육부가 개발한 초등학교 1, 2학년 대상의 학습 플랫폼이 도입된 상태다.

하지만 이러한 프로그램은 학습자가 문제를 틀렸을 때 그 원인이 학습자의 실수인지 이해 부족인지 구분하지 못하며, 이해 부족인 경우 그 원인을 찾아서 보정해 주거나 설명해 주는 역할을 수행하지 못한다. 따라서 더 상위 수준 AI를 활용해 학습자의 동기나 학습 목표 등에 대한 체계적인 맞춤형 지원을 하는 것은 앞으로 더욱 많은 데이터가 쌓여 가면서 개발할 때나 가능한 영역인 것이다.

그보다는 MD앤더슨 암센터의 사례처럼 학교의 정보 취합이나 안내, 각종 예산 처리 등 현재의 기술 수준에서 AI가 잘할 수 있는 것을 하도록 한다면, 즉 교사의 잡무를 줄여 준다면 교사들이 학생의 학습을 지원하고 가정과의 소통을 늘리는 데 시간을 사용할 수 있을 것이다. 이런 AI 행정 도입은 윤석열 정부의 공약 방향과도 어느 정도 일맥상통한다. 2022년 대선 공약집의 '국정혁신 디지털 플랫폼 정부' 분야를 살펴보면 "스마트하고 공정하게 봉사하는 대한민국 디지털 플랫폼 정부를 만들겠습니다"에서는 "국민들이 단일 사이트에 접속해 모든 정보 및 민원을 처리하는 '원사이트 토털 서비스' 제공"을 언급하고 있다.

더 이상 업무 환경 개선 및 학습용 소프트웨어 도입과 활용에 미온적일 이유가 없다. 특히 AI를 활용하기에 가장 좋은 영역인 행정에 대한 도입은 도외시하고 교육 영역에 집중하는 것은 장기적인 투자의 측면에서 필요하나 현실에서는 빛 좋은 개살구로 전락할 가능성이 높아 보인다. AI가 현재 잘할 수 있는 영역을 활용해 업무 여건을 개선하고 학교의 교육력을 높일 수 있는 기회를 놓치는 것일 뿐이다. 지금 개발하면 바로 높은 수준의 학습 지원 AI가 구현 가능한 것처럼 호도하는 것 역시 지양해야 한다.

기술은 사람의 소통을 향해야 한다. 이는 앞에서 살펴본 규제 혁신의 방향과도 일맥상통한다. 기술은 사람을 지원해야 하고 학습자와 보호자 모두 보다 효율적으로 정보를 전달하고 소통할 수 있어야 한다. 이렇게 사람을 지원하는 체계적인 시스템이 마련되면 활용하는 사람의 편의와 보안, 업무 효율성은 물론 데이터의 누적을 통한 빅데이터 구축과 더 나은 프로그램 개발을 위한 기반이 구축될 것이다. 코로나19 이후 벌어진 우리 교육 현장이 지금껏 진보된 기술이 학교 문턱에서 머뭇거려 온 상황을 바꿔 낼 수 있길 바란다.

학교는 관료제를 넘어
더 나은 조직이 될 수 있을까?

작동할 수 없었던 학교 자치

코로나19 팬데믹으로 초유의 개학 연기가 벌어진 2020년 상반기에는 사회 모든 영역과 마찬가지로 학교도 큰 혼란을 겪었다. 새 학기 시작이 열흘도 채 안 남은 상황에서 교육부의 개학 연기가 발표되었다(2020.2.23.). 이후로 개학은 4월까지 네 번에 걸쳐 연기되었다. 국가 위기 상황에서 전면적인 개학 연기는 국가 차원에서 판단할 영역임은 자명하다. 그러나 감염병 확진자가 한 명도 없는 지역이나 충분한 거리두기가 가능한 학교까지 전면적인 휴업을 명령한 부분은 분명 평가하고 넘어가야 할 부분이다. 그런 상황이 지속되다 보니 당시 각급 학교는 교육청에, 교육청은 교육부에, 교육부는 중앙재난안전대책본부(중대본)의 결정이 내려지길 기다릴 수밖에 없었다. 그로 인해 학교별로 원격 수업 형태를 조정하여 운영할 수 있는 시기가 왔음에도 학교 차원의 능동적인 움직임이 나타나기 어려웠다.

모든 학교와 국민이, 언론이 교육부장관의 발표만을 기다리는 상황은 학사 행정에만 국한되는 것이 아니었다. 당시 학교 현장에서는 초유의 개학 연기와 더불어 미등교 상황에서 어떻게 학생들의 혼란을 덜어 주고 정서 지원이나 학습 활동을 제공할 것인지에 대해서 고민하는 움직임이 있었다. 이러한 자발적인 움직임에 대해 '뭘 미리 고민해, 위에서 하라는 대로 하면 될 텐데'라고 대응하는 이들도 있었다. 오랜 관행이 그래 왔기 때문이다.

교원단체와 시도 교육청 담당자들과 협의 과정을 거쳤다고는 하지만 관련 내용을 학교 현장에는 공문 등으로 알리지 않고 초등 1, 2학년은 학습 꾸러미와 EBS 방송을 시청하는 것으로 원격 수업을 지원한다는 방안을 발표했다. 당시 1학년을 위한 대안을 고민하고 준비하던 학교와 교사들은 당황할 수밖에 없었다. 이러지도 저러지도 못하는 상황이 되었다. 자체적으로 수업 방안을 고민하고, 다양한 방식으로 학습 자료를 구성하던 교사들은 미리 만든 안내장이나 학습 자료를 폐기하고 교육부가 제시한 자료로 다시 준비해야 했다. '뭘 미리 고민해, 위에서 하라는 대로 하면 될 텐데'라고 했던 교사들의 말이 '경험을 통해 얻은 지혜로운' 말이 되는 순간이었다.

학교 자치는 미사여구?

학교 자치가 왜 작동하지 않았는지, 그 이유는 여러 가지가 있을 것이다. 무엇보다 교육과정 분권화와 학교 자치를 추구한다는 언급의 빈도에 비해 교육부와 교육청이 실제적으로 단위학교에 주요 권한을 이양한 정도는 미미한 수준이다. 교육부와 교육청이 학교를 관리·운영해야 한다는 기조하에 관료적 시스템을 그대로 존속하고 있다. 교육과정 분권화가 처음 언급된 6차 교육과정은 1992년에 고시되었다. 10년이면 강산도 변한다는데 30년이 흘렀다. 그러나 전자정부법에 따라 업무관리 시스템이나 에듀파인이 도입되면서 더 촘촘하게 관료적 문화가 작동하는 모양새다.

사실 관료제는 세계적으로 가장 일반적인 조직의 형태다. 그러나 미래 사회의 가장 핵심적인 특징이 '예측 불가능성'임을 고려할 때, 지나치게 경직된 관료제의 특징인 '지휘권에 따른 통제와 감시' '수직적 의사소통' '명확한 행동 지침과 규칙 제시' 등은 변화하는 환경에 적절히 대응하기 어려운 문제를 초래할 것이다. 현장의 변화나 사례별 특이성에 대응하지 못하고 뒤늦은 처방을 내리는 방식으로 작동할 가능성이 크다.

변화에 민첩하게 대응해야 하는 기업들은 혁신과 변화를 모토로 다양한 방식으로 수직적 직제를 개편하고, 조직의 창조적이고 적극적인 실행을 우선하여 여러 어려움에 민첩하고 유연하게 대응하는 전략을 활용하고 있다.

학교라는 공적 기관이 이익을 추구하는 기업처럼 새로운 조직 운영 시스템을 바로 도입하는 것이 가능하지도 않고 바람직하지도 않을 것이다. 다만, 앞서 언급한 미래 사회의 예측 불가능성과 학습자 개인별 맞춤형 교육과 학습자의 주체적 참여를 통한 자발적 학습의 효과성 등을 적극적으로 고려해야 한다는 것이다.

학교와 교육청, 교육부의 조직 운영 방식에 변화가 필요하다. 학교와 교육청은 상급기관에서 확정한 교육정책에 대한 단순 집행, 감시의 역할이 아닌 지역 및 학교의 조건과 현실에 맞게 여러 해결책과 그 과정에 대한 성찰을 능동적으로 수행하는 조직 문화를 만들어 가야 한다.

이러한 변화를 위해서는 교육과정 등에서 교육청과 학교에 자치권을 부여한다고 명시하면서도 실질적인 자치 과정에 자율성과 여백을 제공하지 않는 교육부의 관리 시스템을 개선할 필요가 있다. 실제로 교육부는 학교 자치를 강조하는 교육과정을 고시문으로 배포하면서도 매년 한 학교가 수만 건의 공문서를 생성하는 환경을 전혀 바꾸지 않았고, 오히려 학교가 생산하는 공문서는 전자문서 시행 이후 더 늘어났다. 유·초·중등 교육 사무를 시도 교육청으로 이관하겠다는 지난 정부의 약속은 지켜지지 않았다.

왜 이렇게 많은 공문이 필요할까?

지금껏 교육부는 문서화된 기준 설정과 세밀한 지침을 통해 학교 운영의 표준을 제시하고 그것에 어긋나는 것을 항목별로 조사해 문제삼는 방식을 취해 왔다. 이렇게 사안에 대한 개별 계획서 및 체크리스트 작성 요구는 하루가 멀다 하고 각 부서별 공문으로 생산되어 시도 교육청 각 과로, 시도 교육청은 지원청이라는 이름의 지역교육청으로, 지원청은 대부분의 공문을 요약해서 학교로 내려보낸다.

최근 10년간 학교 업무 정상화에 관한 논의가 많았는데 이 과정에서 공문 작성의 주체가 누가 되어야 하는지에 대한 논란도 많았지만 가장 중요한 것은 이렇게 많은 공문이 과연 필요한 것인지에 대한 근본적인 물음이었다.

2019년 봄에 스웨덴 베스테로스(Västerås) 시교육청 교육 담당자와 나눈 대화는 우리의 공문 생산 시스템이 갖는 효과성에 대해 되묻게 한다.

문: 스웨덴의 학교에서는 공문 보고를 얼마나 자주 하나요?
답: 공문 보고요?
문: 학교 업무나 상황에 대해서 교육청에 보고하는 것 말입니다.
답: 아, 그런 보고는 분기별로 1회 실시합니다.

문: 분기별 1회, 연 4회의 보고 외에는 평소 보고가 없나요?

답: 네. 학교에서는 대부분 규칙적이고 장기적인 관점에서 일을 진행하기 때문에 1년에 4회의 보고로 충분합니다.

문: 교육 관련 이슈가 생기면 어떻게 대응하나요?

답: 긴급한 의견 취합 및 전달은 학교장들이 모여 의견을 나누는 방식으로 이루어집니다. 하지만 대부분 긴급히 처리하기보다는 다음 분기나 내년도 계획에 반영하기 위한 논의를 주로 합니다. 교육은 그렇게 즉흥적인 자료가 많이 필요한 영역이 아닙니다.

이런 대화를 나누면서 인간의 발달을 지원하는 교육 영역에서 문제가 된 상황을 긴급하게 처리하는 것보다는 체계적인 분석과 그에 따른 적절한 프로그램이 맥락을 갖고 도입되는 방식이 더 타당해 보인다는 생각을 했다.

올해 어떤 이슈(학교폭력, 자살, 수학여행 버스기사의 음주 운전 등)가 발생했다고 해서 체계적인 분석 없이 갑자기 그것과 관련된 수업이나 체크리스트를 통한 기관 점검을 하고 교육부에 보고하는 것이 진정 교육적인 모습이라고 할 수 있을까? 행정적인 면피 행위가 아닐까?

X이론과 Y이론, 당신은 어느 이론을 신봉하나요?

경영학의 대가 더글러스 맥그리거(Douglas McGregor, 1906~1964)는 사람과 조직 사이의 관계를 이해하는 방법으로 'X이론'과 'Y이론'을 주창한 학자로 유명하다.*

X이론은 사람에 대해 다음과 같은 관점을 유지한다.

- 사람은 일을 싫어하고 회피하고 싶어 한다.
- 그렇기 때문에 철저한 감독이 필요하다. 조직의 목표를 달성하도록 처벌을 이용하여 지시하고 강요, 위협해야 한다.
- 사람은 책임감을 회피하고 싶어 하며 공식적인 지시를 받고 싶어 한다.
- 사람에게 중요한 것은 고용 보장이지 일에 대한 능동적인 의욕이 아니다.

반면 Y이론은 사람의 본성을 다음과 같다고 가정한다.

- 사람이 일을 하면서 만족하면 즐겁게 일할 것이다.
- 일하는 사람이 조직의 목표에 헌신한다면, 일에 대하여 스스

---

* 로버트 G. 오웬스·토머스 C. 발레스키, 『교육 조직 행동론-리더십과 학교 개혁』, 학지사, 2012.

로 계획을 세우고 자제력을 발휘할 수 있다.

- 사람은 보통 적절한 상황에서 일에 대한 책임감을 받아들이며, 이를 위해 배우고 노력한다.
- 사람은 상황에 맞는 좋은 결정을 내리는 것을 중요하게 여기고 창의성을 발휘할 수 있는 기회를 찾기 위해 노력한다.

X이론에 기반한 조직은 '과도한 지시와 통제' '성과급제' 등으로 운영된다. 그러나 이미 많은 연구에서는 고차원적인 업무를 수행하는 경우, 성과급제는 오히려 조직 구성원의 동기를 떨어뜨리고 실질적인 업무 효율을 저해한다는 결과를 보여 주고 있다.

퍼실리테이션(facilitation, 그룹 구성원들이 효과적인 기법과 절차에 따라 적극적으로 참여하고, 상호작용을 촉진하여 목적을 달성하도록 돕는 활동)의 중요성을 강조하는 구기욱 쿠퍼실리테이션그룹(KOOFA) 대표 역시 "인간에게는 의지가 있으며 그것을 반영하는 조직 운영이 미래 사회에 적합한 조직"이라고 말하며 '반영 조직'이라는 개념을 정의한다. '반영 조직'은 구성원들의 참여 의지와 그로부터 출발한 의견이 조직 운영에 실질적으로 반영되어 개인과 조직의 성장을 이뤄 내는 조직이다. 기존 관료제 시스템은 관리자에 의한 빠른 결정이 의사결정의 시간을 단축하여 효율성을 높이는 것처럼 보이지만, 실제 직원들의 실행과는 괴리가 커져 효율성을 저하시키기 때문에 구성원의 의지와 의견을 공유할 수 있는 더 나은 의사결정과 협의 방법을 익혀 조직을 운영해야 한다고 역설한다.

모든 공공조직, 특히 교육기관인 학교는 체계적인 계획과 방향성을 가지고 운영되어야 한다. 하지만 지금까지 학교 운영은 가이드가 아닌 표준화된 체크리스트를 제시하고 실행 여부를 확인하는 방식이었다. 모든 학교의 개별적 상황이나 맥락을 상쇄시키고, 균질화한 평균적인 수치나 표준화된 지침을 제공하면서 학교 구성원들이 먼저 고민하고 방법을 모색할 가능성을 봉쇄했다.

『평균의 종말』을 쓴 토드 로즈(Todd Rose)가 진단했듯이, 평균에 딱 들어맞는 학교는 존재하지 않으며, 학교의 상황과 도달 개선 가능한 목표는 저마다 다르다. 교육부와 교육청이 해야 할 일은 각 학교에 동일한 지침을 내리고 통제하는 것이 아니라, 각 학교의 상황과 맥락에 맞는 요구 사항을 지원할 수 있는 정책을 마련하고 실행하는 것이다.

학교 현장에도 변화된 리더십이 필요하다

이러한 조직 운영의 변화를 위해서는 학교 현장의 리더십 전환이 꼭 필요하다. 학교운영위원회, 학부모와 지역사회의 학교 참여 확대 등으로 학교의 의사결정에 참여하는 주체가 늘어남에 따라 의사결정은 과거와 달리 체계적인 정보 교환과 소통을 필요로 한다. 학교 현장에서 체감하기에는 '학교폭력'이라 불리는 학생 갈등 사안이나 교사의 지도 방식, 수업 및 평가 방식, 학교 행사 등 다양한 영역에서 학부모의 민원이 증가하는 추세다. 이러한 문제에 잘 대처하기 위해서는 단순히 상위법에 의거한 기계적인 적용을 넘어, 사전에 학교의 규칙이나 수업 방식, 민원 수렴 및 처리 방법에 대한 학교 구성원들과 충분한 의사소통을 통해 합의된 문화를 구축하는 것이 필요하다. 이 과정에서 매우 중요한 것이 바로 다양한 주체들이 의견을 나누고 그것을 조정해 가는 관리자의 역량이다. 지금 우리의 관리자 양성 과정과 학교 조직 운영 시스템은 이러한 역량을 충분히 강화하고 있을까?

현행 관리자 임용 방식은 1. 경력 평정, 2. 근무 성적 평정, 3. 연수 성적 평정, 4. 가산점 등 네 영역의 점수를 합산해 그 점수가 높은 순서에 따라 관리자 자격 연수를 거쳐 임명되는 방식이 주를 이룬다. 이는 흔히 '승진제'라고 불리는 방식이며, 경력 평정과 근무 성적 평정이 만점인 사람이 많아 연수 성적과 가산점의 영역이 교장이 되는 데에 중요하게 작용한다. 가산점은 실제 역량의 측정이나 업무 결과에 대한 것이라기보다는 가산점 부여 대상 지역 근무나 가산점 부여 업무 등을 단순히 '했다'는 것으로 부여되는 점수다.

승진 가산점 항목에는 관리자가 학교 운영과 관련해 알아야 할 요소들도 포함되어 있을 것이다. 그러나 이에 대한 질적인 평가 없이 참여 유무로만 비교하면서, 숫자로 서열화된 점수가 관리자 임명의 주요한 기준이 된다는 것은 구태의연한 학교 문화 존속의 뿌리가 되고 있다. 이런 방식은 어떤 관리자 후보자가 현시점에 필요한 적절한 역량을 갖추었는지를 보증하지 못한다. 더구나 경력 평정 관련 소속 관리자의 전횡은 학교라는 조직을 더 보수적이며 교장 중심의 수직적 명령 체계에 복종하는 문화를 만든다.

이를 개선하기 위해 교장 공모제가 시행되고 있지만 미미한 수준이다. 승진 경로를 통해 획득한 교장 자격증의 유무와 관계없이 교육 경력 15년 이상인 교원이 참여할 수 있는 '내부형 공모제'는 2020년 기준 전국 56개교에서만 시행되고 있다. 이는 내부형 공모제가 자율학교에서만 가능한 운영 방식이며, 자율학교 중에서도 '시도 교육감이 신청 학교의 15퍼센트 이내'에서 시행할 수 있기 때문이다. 2021년부터 '신청 학교의 50퍼센트까지' 지정할 수 있게 확대되었지만 2020년 전국 공립학교 9955개교를 기준으로 산정해 보면 185개교, 1.86퍼센트의 학교에서 시행할 수 있을 뿐이다. 이 정도의 비율은 학교 현장의 리더십을 바꾸기에는 턱없이 부족한 수준이라고 할 수 있다.*

---

* 출처: 사교육걱정없는세상(https://noworry.kr/policyarchive/?q=YToyOntzOjEy
OiJrZXl3b3JkX3R5cGUiO3M6MzoiYWxsIjtzOjQ6InBhZ2UiO2k6NDU7fQ%3D%
3D&bmode=view&idx=3851552&t=board.).

이 시대 교장에게 필요한 역량은 무엇인가?

　앞서 언급한 내부형 공모제 교장 임명 방식에 반대하는 입장에서는 '무자격 교장'이라는 표현을 쓰면서 내부형 공모제의 확대에 빈대한다. 당연히 교장이 될 사람이 적절한 자격을 갖추는 것은 중요하다. 내부형 공모제 방식이 무조건적으로 기존 승진제 방식보다 더 나은 관리자 리더십을 구현하는 방법이라고 확정할 수도 없다. 우리에게 필요한 것은 교장의 임명 방식을 넘어 현재 교장에게 필요한 역량 양성 과정과 리더십에 대한 합의다. 승진제든 공모제든 우선 논의되어야 할 것은 '교장에게 필요한 자격과 역량은 무엇인가?' '그것을 어떻게 선별할 것인가?'와 관련된 문제다.

　우리는 현재 일관되게 정의된 교장의 역할이나 필수 역량이 없는 상태다. 미국의 경우 1996년에 '주립학교 최고 책임자 협의회' '전국 주지사 협회 및 기타 조직'은 학교 지도자를 위한 국가 정책 표준을 개발하기 위해 미국 전역의 학자 및 실무자와 협력하여 ISLLC(Inter-state School Leadership Licensure Consortium, 주 연합 학교 지도자 자격인증 컨소시엄) 정책 표준을 마련했다. 이것은 학교 관리자가 알아야 하고 수행해야 할 사항에 대한 지침으로, 학년이나 상황에 관계없이 모든 학교 지도자가 조직을 강화하고, 교사를 지원하고, 지도를 이끌고, 학생 학습을 향상시키기 위해 할 수 있는 일을 설명하고 있다. 이후 개정된 ISLLC(2008년) 지침은 다음과 같다.*

1. 널리 공유되는 학습 비전 설정
2. 학생 학습 및 교직원의 전문성 성장에 도움이 되는 학교 문화 및 교육 프로그램 개발
3. 안전하고 효율적이며 효과적인 학습 환경을 위한 조직, 운영 및 자원의 효과적인 관리 보장
4. 교수진 및 지역사회 구성원과 협력하고 다양한 지역사회의 관심과 필요에 응답하며 지역사회 자원을 동원
5. 정직하고 공정하며 윤리적으로 행동
6. 정치적, 사회적, 법적, 문화적 맥락을 이해하고 대응하며 영향력 발휘

우리 사회에서도 이런 논의가 전혀 없었던 것은 아니다. 해외의 교장 자격 인증 프로그램에 대한 다양한 연구를 바탕으로 사단법인 징검다리교육공동체에서 2021년 정책 연구를 통해 '학교장 직무 가이드라인'을 발표했다. 이 가이드라인에서는 학교장의 직무를 행정적 성격의 업무, 학교 구성원 관련 업무, 대외 업무로 구분하고 각 영역별로 업무 수행 원칙, 실천 과제, 권고 및 제언, 해설 등을 제시했다. 권두에 제시한 '학교장의 철학과 비전'의 주요 항목은 다음과 같다.

• 출처: https://principalstandards.gtlcenter.org/node/57.

학교장의 철학과 비전

교육의 방향
- 개인과 사회의 행복을 목표로 교육하기
- 학생이 살아갈 미래를 품은 교육하기
- '모두를 위한 학습'을 실현하기
- 학습과 혁신의 역량을 증진하기
- 차이를 극복하기 위한 사회적, 정서적 학습의 기회를 확대하기

학교 운영
- 학습하는 학교로 운영하기
- 일상적인 민주주의를 실현하기
- 학교 구성원들과 함께 만들고 실천하기

비전의 확산
- 네트워크를 통해 교육의 비전과 실천을 확산하기
- 지구와 인류의 지속 가능을 위한 행위자 역할을 수행하기

2021년 8월 19일 이 같은 가이드라인을 발표하고 교육부 관계자 등의 의견을 듣는 토론회에서 한희정 실천교육교사모임 회장은 이 가이드라인을 다음과 같이 모형화했다. 학교장은 권한과 책임 사이, 관리자와 촉진자 사이, 교육행정의 수행자와 학교 운영의 책임자 사이, 의사결정자와 참여자 사이의 균형을 유지할 수 있어야 한다. 이는 학생의 성장과 발달을 목표로 교육과정과 학교행정에 관여하면서 학교를 학습하는 조직으로 만들기 위해 학습하는 교장이 되어야 하며 이중의 정체성을 유지하면서 민주적 리더십을 발휘할 수 있다는 것을 보여 주는 것이다.

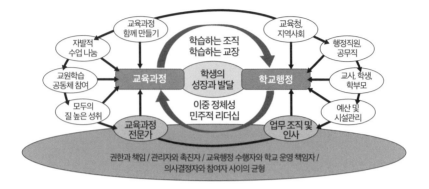

교육과정 함께 만들기
자발적 수업 나눔
교원학습 공동체 참여
모두의 질 높은 성취
교육과정 전문가

학습하는 조직 학습하는 교장
학생의 성장과 발달
이중 정체성 민주적 리더십

교육과정

교육청, 지역사회
행정직원, 공무직
교사, 학생, 학부모
예산 및 시설관리
업무 조직 및 인사

학교행정

권한과 책임 / 관리자와 촉진자 / 교육행정 수행자와 학교 운영 책임자 / 의사결정자와 참여자 사이의 균형

지금 필요한 교장의 역량은 무엇인가? 그 역량은 어떻게 만들어지고 평가될 수 있는가? 이 질문에 대한 답을 찾는 과정은 지난하겠지만 미리 고민한 이들의 흔적이 여기저기 남아 있다. 그 흔적을 발판 삼아 새 정부에서는 이런 논의가 좀 더 본격화되어야 한다.

실질적 학교 민주주의와 자치의 경험이 누적되어야

새로운 리더십이나 역량은 단번에 획득되는 것이 아니다. 문화적 배경의 영향이 어쩌면 더 강력할 수도 있다. 민주적인 학교 문화가 정착되는 것이 무엇보다 중요하다. 현장 교사들이 학년 단위나 부서 단위에서 교육적이고 유의미한 자치 경험을 누릴 수 있는 기회가 확대되어야 한다. 그래야 학생 자치에 대한 고민과 실천도 깊어지고 학교 운영 리더십에 대한 역량도 강화될 수 있다.

그러나 현실은 학교에서 교사가 중간 리더십이나 촉진자 역할을 할 수 있는 제도가 잘 작동하지 않는다. 그런 제도 중 하나가 '보직교사'다. 법적으로는 보직교사이지만 일상적으로는 '부장교사'로 호명된다. 부장교사라고 해서 보수나 권한에서 메리트가 있는 것은 아니다. 월 7만 원의 보직교사 수당에 비해 책임지고 처리해야할 일이 너무 많아 승진 점수를 위한 목적이 없는 경우 회피하고 싶은 보직이다. 승진 점수라는 메리트 또한 점점 약화되고 있어 저경력 교사나 남교사, 기간제 교사가 마지못해 하는 경우도 늘어나고 있다.

중간 리더십을 발휘하고 여러 변화를 위해 능동적으로 움직이는 촉진자 집단이 점점 줄어드는 현실은 학교 조직의 발전적 변화를 어렵게 한다. 중견 교사들이 부장교사로 학교에서 일정 정도 역할을 하면서 교장과 함께 임파워먼트(empowerment, 개인의 역량 강화 또는 기 살리기를 이르는 말)를 실행할 수 있어야 한다. 부장교사가 기존의 업무 중심의 역할 분담을 넘어 교육활동을 지원한다는 목표를 중심으로 팀이나 학년을 운영하는 중간 리더이자 촉진자로서의 역할을 수행하면서 팀원이나 동료 교사와 함께 효능감을 느낄 수 있게 해야 한다. 그 과정에서 자치 역량, 민주주의 역량이 강화될 수 있다. 그리고 이런 시스템으로의 전환은 부장교사만이 아닌 학교의 모든 교직원들이 교육과정 운영에 있어서 실질적인 자치의 경험을 축적하는 방향으로 나아가야 한다.

교육과정 문서나 각종 교육 정책에서 학교의 자치권은 '명목적으로' 확대된 것처럼 보인다. 정말 중요한 것은 이런 장치가 다수의 학교에서 실질적으로 작동해 학교 구성원들의 참여 의지와 동기를 높이고, 교육기관의 목적에 맞게 실행되고 있는지에 대한 진지한 성찰이다.

에드워드 L. 데시(Edward L. Deci)는 『마음의 작동법』에서 채찍이 사람의 행동을 결정하던 시대는 갔으며, 돈과 같은 보상처럼 외부에서 주입된 동기보다 스스로 하는 동기부여가 창의성과 책임감, 건전한 행동을 낳고 지속적인 변화를 가져온다고 역설했다.

미래 사회를 살아갈 학습자에게 가장 필요한 것은 외재적 동기보다 내재적 동기와 성취의 경험이다. 그러한 학습자를 마주하는 학교의 모든 구성원에게도 내재적 동기를 통한 변화와 성취의 경험이 필요하다. 학교의 조직 체계 역시 교육과정 문서가 지향하는 바처럼, 또한 학생의 주도적이고 능동적인 학습 경험을 지향하는 것처럼 교직원에 대한 개선된 인간관과 조직 운영 방식을 위한 실제적인 노력과 변화가 필요한 시점이다. 이를 위한 법 제도의 정비와 구시대적 관행의 해소, 현장 교사들의 자발적 실천이 무엇보다 절실하다.

디지털 전환을 위한 일곱 가지 제언

디지털 전환의 명암

코로나19 팬데믹은 교사와 학생의 디지털 교육 역량과 이해 정도에 관계없이 온라인 수업을 진행해야 하는 상황을 만들었다. 학생이나 가정의 디지털 리터러시가 양호한 지역이나 학교에서 겪었던 어려움과 그렇지 않은 지역이나 학생이 다수인 학교에서 겪었던 어려움의 차이는 컸다. 특히 정보 업무 담당 교사들은 엄청난 업무 과중에 시달려야 했다. 지난 2년간 정보 관련 업무와 온라인 교육을 시행하면서 겪었던 여러 사례를 통해 현재 학교의 디지털 전환이 가지고 있는 빛과 그림자의 단면을 살펴보고자 한다.

사례 1: AI 없는 AI 선도학교?

전남의 한 학교에 근무하는 김 교사는 학생들의 디지털 소양을 높이고 교육 트렌드에 발맞추기 위해 AI 선도학교를 신청해 보는 것이 어떻겠느냐는 학교장의 제안을 받은 이후 고민이 많아졌다. 김 교사는 소프트웨어 교육 선도학교를 4년간 운영해 봤고, 디지털 교과서 선도학교에서 근무한 경험도 있지만 AI에 관해서는 잘 알지 못한다. 에듀넷에 올라온 여러 학교의 AI 선도학교 계획서와 결과 보고서를 살펴보아도 기존의 다른 선도학교와의 차이점이 무엇인지 보이지 않는다.

하지만 학교에 별도의 예산이 내려오면 학생들에게 혜택을 줄 수 있고 그 자체로 유익할 것이라는 생각에 예년에 작성했던 계획서를 약간 수정해서 제출한다. 그런데 덜컥 AI 선도학교로 선정된다. 학교장은 계획서 작성하느라 수고했다고 하는데 벌써부터 보고서를 쓸 일이 걱정이다. AI 없는 AI 선도학교, 도대체 어디서부터 문제일까?

사례 2: 도의원 요구 자료? 소는 누가 키우나!

중간놀이 시간에 잠깐 시간을 내어 업무포털에 접속해 공문함을 살펴보던 이 교사는 〈긴급〉이 달린 공문을 보고 깜짝 놀라서 열어 본다. '〈긴급〉 도의회 ○○○ 의원 긴급자료 요구, 일본산 전자제품 구매 현황의 건'이다. 검색어로 넣을 회사명도 친절하게 안내되어 있다. 바로 행정실에서 전화가 온다. 교내 물품 목록을 에듀파인에 서 엑셀 파일로 받아 두었으니 수업이 끝나면 같이 살펴보자는 것 이다.

모든 검색어를 다 넣을 수는 없어서 대기업 위주로 있을 법한 제품을 살펴본다. 정보부에 해당하는 물품은 카메라, 프린터, 빔 프로젝터 정도가 있다. 실물로 찾아보니 이미 폐기 처분한 제품도 더러 있어 추리고 추려서 행정실로 목록을 보낸다. 마감 시간에 늦지는 않았지만 기분이 좋지는 않다. 도내 모든 학교에서 이러고 있을 것을 생각하니 답답하기도 하다. 마침 옆 학교에서 근무하는 동기에 게서 전화가 온다. 역시나 그 공문 때문이다. 행정실에서 각 부서별로 알아서 찾아 보고하되 빠진 제품이 있으면 해당 부서가 책임지라고 했다고 한다. 동기의 하소연에 우리 학교에서 일본산으로 나온 제품명을 알려 준다.

도 교육청 담당자들이 검색어 몇 개로 확인할 수 있는 것을 관내 학교로 긴급 공문을 보내서 모든 학교의 담당자들이 동시에 허덕이는 이 상황이 정상인가? 이 정도 수준의 요구 자료에 데이터를 검색하고 보고하는 것도 하지 않는 조직이다 보니 매 분기마다 CCTV 현황을 보고하라고 하는 것은 당연한 일처럼 느껴지기도 한다. 이런 상황에서 교육용 빅데이터를 과연 구축할 수나 있을까?

사례 3: 교사의 상상은 현실이 되지 못하고

전세로 떠돌던 윤 교사, 드디어 아파트 청약에 도전한다. 공인인 증서로 청약 사이트에 로그인하니 청약통장을 언제 만들었는지, 아파트 매매 이력은 없는지, 배우자의 거래 이력이나 청약 당첨 이력은 없는지에 대한 상세한 자료가 출력된다. 청약통장에 입금된 금액이 얼마인지, 어떤 평형까지 가능한지도 안내해 준다. 청약에 필요한 내용을 입력하니 주의사항과 부적격 처리 가능성을 안내한다. 고지 내용을 확인하고 공인인증서로 전자서명까지 마친다. 수억 원이 왔다 갔다 하는 상황이지만, 제출할 서류도, 종이 안내문도, 대면 거래도 전혀 없다.

다음 날 윤 교사는 2022년 4월 코로나19 확진으로 등교 중지된 학생들의 목록과 증빙 서류를 챙겨서 내부결재용 서류를 기안한다. 교외 체험학습을 다녀온 학생의 신청서와 보고서도 따로 한 장씩 스캔하여 건별로 내부결재를 올린다. 그리고 이 문서를 하나씩 넘기며 나이스 출결 상황과 일치하는지, 누락된 것은 없는지 하나하나 확인한 후 나이스의 출석부를 마감한다.

퇴근하면서 윤 교사는 갑자기 이런 생각을 한다.

나이스가 모바일로 구현되면 얼마나 좋을까? 결재를 스마트폰으로 하는 것은 불가능한 일일까? 평가 누가 기록을 모바일 기기로 수시로 하는 것은 불가능할까? 평가 보조부에 입력하고 또다시 나이스 시스템에 접속해 입력하는 것은 삽질 아닌가? 학부모는 스마트폰 앱을 활용해 출결 상황을 입력하고, 담임 교사는 이를 승인하면 나이스 출결 시스템에 자동으로 이관되는 시스템은 못 만드나? 아니면 안 만드나?

갑자기 윤 교사가 고개를 절레절레 흔든다. 내 상상이 지나치구나! 바랄 걸 바라야지.

사례 4: 교대에서 가르쳐 주지 않은 것들

수업 시간에 홍 교사가 있는 교실로 전화가 온다. 스마트 교실인데, 교사용 컴퓨터 인터넷이 갑자기 먹통이라고 한다. 홍 교사는 정보 관련 업무 경력이 많고 현재도 정보 업무를 맡고 있다. 홍 교사 교실의 인터넷이 문제가 없는 것을 보면 그 특별실만의 문제인 듯하다.

최근 교육청과 학교 간 인터넷망을 연결해 주는 통신 회사를 바꾸면서 인터넷 속도를 올리는 공사를 같이 했는데 그 일 이후 이런 전화가 오곤 한다. 통신실에 가서 살펴보니 제1컴퓨터실 선이 아예

뽑혀 있다. 아차, 스마트 교실 리모델링을 진행하면서 데스크톱 컴퓨터를 노트북으로 교체하고 구형 유선 장비를 철거했는데 작업자가 선을 뽑아 놓고 그냥 간 모양이다. 교사용 데스크톱 컴퓨터 1대가 아직 남아 있다는 것을 깜박한 것이다.

다행히 인터넷 선마다 이름을 적어 놓아 문제가 되는 선을 찾기는 어렵지 않다. 스마트 교실에 가 보니 유선 장비는 철거된 상태로 구석에 쌓여 있고, 기존 컴퓨터에 꽂혀 있던 배선 40개가 기다리고 있다. 어쩔 수 없이 랜 테스터에 하나씩 끼워 가면서 확인한다. 운이 좋았는지 열한 번째로 잡은 선에서 신호를 확인한다. 교사용 컴퓨터 쪽 배선을 찾는 시간이 더 오래 걸린다. 서른한 번째에서 신호가 잡힌다. 두 배선을 연결하고 굵은 케이블 타이로 교사용 컴퓨터 배선임을 표시해 둔다. 다음 작업하는 분을 위한 조치다.

이 정도면 그나마 수월하게 끝난 것이다. 정보 업무를 하던 초기에는 배선에 이름이 하나도 없어서 6학년 남학생 2명에게 스마트폰 공기계를 쥐여 주고 무전기 앱으로 하나씩 뽑고 끼우며 이름을 적었다. 교사가 이런 작업까지 해야 한다는 걸 교사가 되기 전에는 정말 몰랐다. 어느 누구도 알려 주지 않았고, 교대에서도 배운 적이 없었다. 교사는 알아서 만능이 되어야 하나 보다.

사례 5: 홍 교사가 멘붕에 빠진 날,
수업 시간에 인터넷이 안 된다니

오늘 홍 교사는 멘붕에 빠졌다. 3월 초에 교내 와이파이 접속 방법을 전체 교직원에게 공지한 섯이 화근이었다. 학교에서 사용하는 IP는 교사용, 학생용(컴퓨터실), 무선 공유기용 세 가지로 구분되어 있다. 각각 2번부터 254번까지 253개의 IP를 사용할 수 있다. 교사용 컴퓨터와 컴퓨터실의 학생용 컴퓨터는 253개 내에서 충분히 나누어 사용할 수 있다. 문제는 무선 공유기용 IP다. 태블릿PC나 노트북이 지속적으로 보급되면서 IP 할당량 253대를 넘어선 지 오래다. 그러니 태블릿이나 노트북에서 인터넷 먹통 상황이 발생한다. 급한 대로 통신실에 가서 장비를 껐다가 다시 켠다.

지난 3월에 몇몇 교직원의 요청으로 와이파이 비밀번호를 공개했다. 그랬더니 학생과 교직원의 스마트폰이 자리를 차지해 수업용으로 사용하는 태블릿이 인터넷 접속이 되지 않았다. 비밀번호를 바꿔 보기도 했지만 수업용으로 사용하기 위해 학생들에게 공지할 수밖에 없으니 이 또한 임시방편일 뿐이다. 교육청에 연락해서 이 문제를 해결해 달라고 했더니 다행히 학교에서 사용할 수 있는 IP를 추가로 할당해 준다는 답변을 받았다.

학교는 고정 IP를 사용한다. 누가 어떤 컴퓨터를 사용하는지 확인하기 위한 나름의 보안 조치다. 하지만 무선 인터넷 공유기는 접속하는 장비에 IP를 자동으로 부여한다. 그러다 보니 비공개로 전환하지 않는 한 사설 공유기처럼 가상 IP를 부여해도 별 차이가 없다.

게다가 학교의 모든 인터넷 회선은 교육청을 경유한다. 보안 정책에 맞게 통제하고 유해 사이트 접속을 제한하기 위해서다. 이런 방식으로 교사의 상용 메일, 드롭박스, 카카오톡 같은 메신저 접속을 차단해 왔다. 문제는 제한된 용량 안에 교사용, 학생용(컴퓨터실), 무선 공유기용 회선을 공유하다 보니 기가급 무선 공유기를 설치해도 제 용량대로 사용하지 못하는 것이다. 태블릿이나 노트북 같은 무선 장비 수가 유선 장비에 연결된 데스크톱 컴퓨터 수를 넘어선 지 오래다. 무선 장비는 과감하게 따로 떼어 내거나 수업용으로 사용하는 기기에 한해서 교육청을 경유하지 않고 직접 연결하는 아웃소싱을 심각하게 고민해 봐야 할 때다.

언제까지 홍 교사는 접속이 안 되는 몇몇 태블릿을 위해 스마트폰 요금제를 무제한으로 바꾸고 테더링(인터넷 공유)을 켜야 할까?

사례 6: 학교는 왜 중소기업 제품만 사용해야 하나요?

정보 업무를 처음 담당하게 된 정 교사는 어제 행정실 지출 담당 주무관과 언성을 높였다. 디지털 교과서 선도학교 예산으로 태블릿PC를 구매하려고 하는데 대기업 제품을 구매할 수 없다는 답변을 들었기 때문이다. 학교에 이미 보급된 S전자의 태블릿이 여러 대 있는데 왜 안 되느냐고 물었더니 교육지원청과 학교는 예산의 출처와 지출 비목이 다르기 때문이란다. 학교는 일명 판로지원법(중소기업제품 구매촉진 및 판로지원에 관한 법률)을 지켜야 하는 기관이란다. 정 교사는 지난해 정보 업무를 담당하던 동료가 "전자칠판을 구매하려고 찾아봤더니 조달청 장터에 대기업 제품이 하나도 없다"고 하던 푸념이 생각났다.

원격 수업을 위해서 줌의 기관 계정을 구매하려 할 때도 학교 법인카드로는 해외 결제가 안 된다고 하여 한참 실랑이를 했다. 구글 플레이 스토어에서는 원화 결제로 앱을 사서 설치할 수 있었지만 애플 앱스토어는 달러 결제라 포기했던 기억도 떠올랐다.

학교 예산으로 조달청을 통해 구매 가능한 전자기기 중 대기업 제품은 TV밖에 없는 것처럼 보였다. 공공기관이 중소기업을 지원한다는 취지는 좋지만, 서비스 센터도 구비되지 않고 중간에 도산하면 AS 자체가 불가능해지는 중소기업 제품을 언제까지 써야 할까? 그런 정책 기조를 왜 학교에까지 강제하는 것일까? 정 교사는 생각할수록 답답해진다.

사례 7: 물품대장에만 남아 있는 유령 기기는 누가 양산하나?

권 교사는 태블릿PC 보급 사업을 시작한다는 공문을 받고 현재 학교에 있는 태블릿PC가 어떤 상태인지 궁금했다. 학교에서 사용하는 모든 교육용 전자기기를 정보 담당 교사에게 관리하라고 하는 것은 불가능한 일이다. 그러니 이런 상황이 발생했을 때 한 번씩 점검하게 된다.

5~6학년에서 사용하는 기기가 가장 신형인데, 무상 AS 기간이 끝나긴 했지만 상태를 보니 충분히 더 사용할 수 있다. 액정이 파손된 기기와 충전단자에 문제가 생긴 기기가 더러 있다. 그러나 수리비가 중고기기 값보다 더 들기 때문에 유상 AS는 포기하게 된다. 확인해 보니 보관함 구석에 고장 난 기기를 따로 모아 두고 있다.

문제는 1~4학년에서 사용하는 기기다. 이미 내용 연한 종료가 임박한 기기들이다. 무상 AS 기간도 이미 많이 지났고, 연식도 오래되어 작동이 느릴 뿐 아니라 배터리 성능도 현저히 떨어진다. 이런 기기들은 대장에만 존재할 뿐 사실상 이미 폐기된 제품에 가깝다.

데스크톱 컴퓨터나 노트북은 연식이 지났더라도 용량이 부족한 부분을 교체해서 사용할 수 있지만 태블릿PC는 그런 작업이 거의 불가능하다. 게다가 모바일 기기는 보급량에 집중하는 모양새로 기기의 성능이나 질에는 큰 의미를 두지 않아 대당 단가가 낮은 제품들이 들어온다. 일명 보급형 기기다. 이름대로 가성비에 의미를 둔 기기로 주력 기종보다 성능이나 마감이 떨어진다. 주력 기종은 다음 세대의 보급 기종으로 대체되어 한 세대를 더 지켜 내지만, 보급 기종은 다음 세대의 보급 기종에 의해 바로 밀려난다. 애플의 iOS는 구형 기종이라도 운영체제를 업데이트해 주지만 안드로이드 기종은 지원기기 목록에서 그냥 사라져 버린다.

이번에 새로 보급한다는 기기를 검색해 본다. 최신형 제품이 시장에 이미 풀려 있음에도 한 세대 이전의 모델을 보급한다. 입찰을 통해 대당 단가를 저렴하게 계약했겠지만 개인 사용자라면 그 가격에라도 구매할 이유가 거의 없는 모델이다. 그 기기가 들어와서 무상 AS 기간이 끝날 때쯤이면 이미 3~4세대나 지난 구형, 폐기물이 될 운명이다. 내용 연한을 정상화하거나 대당 보급 단가를 올리지 않는다면 대장에만 남아 있는 유령 기기들은 계속 쌓여 갈 것이다.

사례 8: 학교에서 사 준 노트북은 왜 구릴까?

진 교사는 컴퓨터 조립에 관심이 많다. AMD와 인텔 두 회사의 경쟁이 반갑고, SSD의 가격 하락이 기쁘다. 인텔이 AMD에 밀리다가 12세대 CPU를 발표하면서 엎치락뒤치락하는 것을 스포츠 경기처럼 보고 즐기기도 한다. 각 제조사의 최신 제품을 비교하며 요즘의 추세를 살피는 것이 취미 활동 중 하나다.

그런 진 교사에게 조달청에 올라온 데스크톱 컴퓨터의 사양은 이해 불가능한 영역이다. 일반 시장처럼 부품을 골라서 원하는 성능을 갖춘 컴퓨터로 완성할 수 있게 지원해 주는 시스템까진 바라지 않지만, 최소한 현재 출시 중인 최신 제품은 구매할 수 있게 해야 하는데 눈을 씻고 찾아봐도 없다. 출시된 지 한참 지나 이미 구사양이 되어야 올라오는 건 기본이다. SSD의 용량은 시장에서는 이미 일반화된 용량의 절반밖에 되지 않는 제품이 대부분이다. 램 (RAM)이야 용량이 상용 제품의 절반이면 구매 후에 따로 더 끼우면 되니 그러려니 하고 한숨 푹 쉬고 넘어가면 된다. 버려지지는 않으니까. 그러나 저장장치는 용량이 너무 비현실적이라 기존 제품을 떼어 버리고 새로 끼워 넣어야 한다.

이런 제품을 왜 강매하는지 이해할 수가 없다. 납품업체에서야 10원이라도 단가를 낮춰야 하겠지만 용량을 두 배로 늘린다고 가격이 두 배가 되는 것은 아닌데 너무하다는 생각이 든다. 한마디로 '내 돈이라면 절대 사지 않을 제품'을 학교 예산으로 몇십 대씩 구입하는 것이다.

최근 원격 수업을 위해 보급된 노트북도 마찬가지다. CPU는 한 세대 지난 i7 프로세서가 장착된, 각 회사의 주력 기종이 아닌 100만 원 초반이라는 예산에 딱 맞춰진 제품이다. 있으면 아쉬운 대로 쓰기는 하지만 그 돈을 주고 새로 살 그런 제품은 절대 아니다. 노트북의 내용 연한은 6년으로 데스크톱 컴퓨터보다 길다. 그런 상황에 업그레이드는 데스크톱보다 훨씬 번거롭다. 그렇기 때문에 노트북은 용도에 따라 제품의 선택이 선명하게 갈린다. 일단 가볍게 만들어 이동성에 특화된 모델과 강력한 퍼포먼스를 보여주는 성능에 특화된 모델이 다르다. 두 가지를 다 만족하는 제품은 당연히 단가가 올라간다. 무겁지만 가격이 저렴하거나 가볍고 성능이 우수하나 가격이 매우 비싼 것은 이런 이유 때문이다.

현재 조달청을 통해 보급되는 노트북 단가는 보통 100만 원 초반이다. 노트북 회사의 주력 기종 노트북은 150만 원부터 시작한다. 100만 원 초반대의 제품들은 용도에 따라 선택해야 한다. 이동성과 성능의 두 마리 토끼를 다 잡기는 힘들기 때문이다. 이후에 정말 모든 교원에게 노트북을 지급하는 중장기적 투자를 한다면 교사 개인에게 100만 원짜리 바우처를 주고 원하는 제품을 개인이 추가 비용을 지불하고 구입하는 것이 차라리 나을 것이다. 모든 것을 선택하여 주문할 수 있는 시대에 학교의 현실은 공용 물품을 주는 것을 쓰느니 사비로 사서 쓰겠다는 현상을 만들어 내고 있다. 얼마나 많은 제도 개혁이 이루어져야 '내돈내산'하고 싶은 기종을 학교에서도 지급받을 수 있게 될까?

사례 9: 책임질 일을 안 만들려면?
사용 못하게 꼭꼭 숨겨 두면 되지

    학생 수보다 태블릿PC와 노트북 수가 더 많았던 도서벽지 초등학교에 근무했던 김 교사는 근속 연한을 채우고 인근 학교로 옮겼다. 전 근무지는 학생들이 태블릿PC용 화상회의 앱으로 도시 학교와 도농 교류 수업도 하고, 쉬는 시간이면 모야모 앱을 이용해 식물 이름 찾아보기 놀이도 할 만큼 디지털 기기를 잘 활용하는 학교였다. 물론 김 교사가 기기 활용 방법 연수를 꾸준히 진행하고 스마트 교실의 문턱을 낮추기 위해 애를 썼기 때문이다.

    그러나 그 이면에는 문제도 있었다. 기기들이 더러 액정이 깨지기도 했고 몇 대는 분실되기도 했다. 무상 AS 기간이 끝나서 유상으로 수리하려고 했더니 중고기기 값보다 수리비가 더 많이 들었다. 내용 연한도 지나지 않아 어쩔 수 없이 그런 기기들은 방치될 수밖에 없었다. 물론 학교장에게 이런 상황을 보고했고, 학교장은 열심히 활용하다 보면 그럴 수도 있다고 이해해 주었다.

    새 학교에 적응하느라 정신없던 3월, 이전 근무지에서 연락이 왔다. 스마트 교실용 태블릿이 2대가 부족한데 올해 종합감사가 있어서 걱정이라고 했다. 새로 부임한 학교장은 이 사항에 대해 기존 업무 담당자가 책임져야 할 문제라고 했단다. 결국 각자 1대씩 중고 장터에서 구매해서 넣어 놓기로 했다. 대당 15만 원 정도 들었다. 몇

달 후에 다시 전화가 왔다. 코로나19로 감사가 간소화되어 수량을 모두 확인하지는 않았다고 한다.

통화를 마치고 쓸쓸함이 몰려들었다. 주어진 기기 사용법을 열심히 가르치고 열심히 꺼내어 사용한 결과가 이런 건가 싶었다. 앞으로는 기기를 꼭 잠가 두고, 열쇠는 손에 쥐고 있어야겠다. 기기의 수가 모자라는 것은 문제가 되어 변상해야 하고, 아예 꺼내 쓰지 않아 방치해 두는 것은 전혀 문제가 되지 않는 상황이라니, 잘못되어도 한참 잘못된 것 같다.

사례 10: 자기 보고식 각종 검사는 도대체 왜 하나요?

4학년 담임을 맡은 최 교사는 올해 초에 유독 정신이 없었다. 학교폭력 실태 조사, 학생 정서·행동 검사, 스마트폰 사용 습관 조사가 1학기에 모두 몰려 있었기 때문이다. 가정통신문 전용 앱을 통해 연락하면 바로 응답하는 가정도 있지만, 몇 번을 더 연락해야 응답하거나 개별적으로 연락해도 응답이 없는 가정도 있다. 결국 기한이 다 되도록 참여하지 않은 학생들은 방과후에 컴퓨터실에서 참여하도록 지도해야 했다. 실제 응답 시간은 5분도 안 걸리는 설문인데 준비하고 정리하는 데만 30분이 걸렸다.

"선생님, 컴퓨터가 이상해요."

"마우스가 이리저리 마음대로 움직여요."

"모니터가 갑자기 꺼져요."

"주소가 틀렸대요."

"없는 주소래요."

"휴대전화 자판이랑 달라서 글씨를 못 쓰겠어요."

학생들 한 명씩 접속 방법, 응답 입력 방법 등을 안내하고 교실로 돌아오면서 학생들의 컴퓨터 활용 능력이 천차만별이라는 것을 알게 되었다. 스마트폰 사용법은 잘 알지만 집에 컴퓨터가 없거나 사용 방법을 배운 적이 없는 학생들이 많은 것이 현실이다.

그러나 이것은 시작에 불과했다. 학교폭력 설문 결과 사실 확인이 필요한 내용이 있어서 따로 불러서 확인한 결과, 학교폭력으로 신고할 만한 사안은 없었다. 학생 정서·행동 검사 결과 관심군에 해당하는 학생이 몇 명 있어서 각 가정마다 연락해서 추가 상담이나 지원이 필요한지 확인했더니 우리 아이는 관심군이 아니니 재검사를 하겠다는 답변을 받았다. 스마트폰 사용 습관 진단 결과에 따라 위험군인 학생이 있어서 추가 검사 및 관계 기관 연계를 통한 상담이나 치료를 제안하였으나 보호자는 이를 거부했다.

연거푸 이런 경험을 하다 보니 최 교사는 학교에서 실시하는 각종 검사의 공신력이 이 정도밖에 안 된다는 것을 확인하고 자괴감이 들었다. 왜 이 정도 수준의 검사를 위해 돈을 쓰고 시간을 써야 하는지, 전형적인 예산 낭비 사업, 면피용 사업이 아닌지 따지고 싶었다. 4학년은 여기에 건강검진도 병원에서 따로 받아야 한다. 왜 4학년에만 이런 검사가 집중되는지도 이해하기 어려웠다.

사례 11: 원격 수업은 대면 수업의 대체재에 불과하다고?

원격 수업은 대면 수업의 대체에 불과하니 부득이한 경우에만 실시하고 전면 원격 수업은 고려하고 있지 않다는 학교장의 발언을 들은 신 교사는 마음이 복잡해졌다. 학교장의 이런 발언은 교육부나 교육청의 지침과 다르지 않았다. 원격 수업은 실시간 화상 수업으로 실시하라는 공문이 계속 강조되는 사정도 마찬가지였다.

코로나19 팬데믹 이전에도 거꾸로 수업 혹은 플립 러닝이라는 이름으로 온·오프라인 수업이 운영되었다. 주요 내용을 사전에 학습해 올 수 있게 자료를 제시하고 실제 수업에서는 학생과의 상호작용이나 참여형 과제 해결이 중심이 되게 했다. 이런 시도는 블렌디드 학습으로 진화하고 있고, 반복 연습이 필요한 학습 내용이나 예습을 통해 효과를 극대화할 수 있는 내용, 교과 학습에 어려움을 겪는 학생을 지원하는 방식 등 다양한 분야로 확대되는 상황이다.

교육부가 주도하는 여러 온라인 학습 플랫폼이나 학습관리시스템(LMS) 역시 블렌디드 학습을 보조하는 방식으로 활용될 때 의미가 있다. 그런데 교육부가 전면 등교를 기조로 하면서 바로 원격 수업은 대면 수업의 대체재에 불과하다는 관리자들의 인식은 눈살을 찌푸리게 한다.

디지털 전환을 위한 일곱 가지 제언

앞에서 살펴본 열한 가지 사례는 어느 지역, 어느 학교의 특수한 사례가 아니다. 대한민국의 거의 모든 공립학교에서 일어나는 일들이다. 그렇기 때문에 보편성을 지닌 특수한 사례들이다. 학교 현장을 아는 교사들은 누구나 공감할 수밖에 없는, 자조 섞인 웃음이 나오는 그런 현실이다. 그렇다면 돌파구는 없을까? 공공기관인 학교가 성공적인 디지털 전환을 이루고 이를 활용해 교육활동에 집중하게 하기 위해서는 무엇이 필요할까? 이런 고민을 담아 일곱 가지 제언으로 정리했다.

1. 실질적인 지능형 교육정보통계시스템을 구축하여 데이터를 활용하고 자료 보고나 공문을 최소화하라.

한국교육개발원(KEDI)은 국가교육통계사업으로 교육통계서비스(KESS)를 제공하고 있다. 한국교육학술정보원(KERIS)은 교육행정정보시스템(NEIS) 대국민 서비스와 온라인 조사·검사 서비스로 에듀로(EDURO) 시스템, 유·초·중등학교의 회계관리시스템인 K-에듀파인, 유·초·중등학교 정보를 공시하는 유치원알리미와 학교 알리미 서비스를 운영하고 있다.

학교는 각 시스템에서 요구하는 대로 데이터를 각각의 시스템에 입력한다. 문어발식으로 확장된 시스템이라 동일한 정보를 여기에도 입력하고 저기에도 입력해야 하는 것이다. 그런데 이런 입력 노동은 전혀 빛을 발하지 못한다. 왜냐하면 국회의원, 시도 의원 등의 자료 제출 요구가 있을 때마다 이미 입력한 내용을 별도의 자료로 또 제출해야 하기 때문이다. 데이터를 2차 가공 활용하는 능력이 떨어질 뿐 아니라, 그런 프로그램이 탑재된 시스템을 구축하지도 못했기 때문이다. 그 배경에는 여러 이유가 있겠지만 가장 큰 것은 그런 시스템을 구축하지 않아도 관료제의 계선 조직을 따라 공문을 뿌리고 수합해서 제출하면 되기 때문이다. 그 과정에서 교사들은 수많은 잡무를 떠안고 있다.

가장 많은 시스템을 운영·관리하는 KERIS의 2019년 경영성과 보고서에는 '지능형 교육정보통계시스템 구축'이라는 항목이 버젓이 등장한다. 지능형 교육정보통계시스템을 구축해서 어디에 활용하고 있는 것일까? 2019년에 구축했다는 시스템의 효용을 왜 학교 현장에서는 전혀 체감하지 못하는 것일까? 정말 지능형 교육정보통계시스템을 만들었다면 이를 제대로 활용해서 불필요한 보고 공문을 획기적으로 줄이고, 매년 반복되는 집계 항목을 일원화하여 중복해서 입력하는 일이 없게 해야 한다. 그 정도도 감당하지 못하는 시스템에 지능형이라는 이름을 붙이는 것이 오히려 민망한 상황이다.

2. 4세대 지능형 나이스의 도입으로 불필요한 입력 노동, 출결 증빙용 종이 문서 송수발 관행을 타파하라.

전자정부법 등에 의해 학교에 업무관리시스템과 회계관리시스템(에듀파인)이 도입된 이후 처리해야 할 공문서는 급격히 늘어났다. 과거에는 관리자에게 구두로 보고하던 것도 모두 기록으로 남겨야 한다는 강박에 내부결재용 기안문을 작성하도록 하는 관행이 이제 일상으로 자리 잡았다. 에듀파인 도입 이후 구입해야 하는 물품에 대한 품의서 작성이 교사의 일로 떠넘겨져 이제는 당연한 일처럼 여겨지고 있다. 학교가 갖추어 놓아야 할 문서, 위원회 등도 지속적으로 늘어나고 있다.

우리가 기억해야 할 것은 전자정부법이나 교육행정정보시스템, 업무관리시스템, 회계관리시스템 도입의 주된 목적으로 '업무 경감'을 꼽았다는 점이다. 20년이 지난 지금의 평가는 이렇게 냉혹하다. 왜 이렇게 되었을까? 이제라도 교육부는 현장의 어려움을 해결하기 위한 지능형 시스템 도입을 적극 추진해야 한다. 클라우딩, 블록체인, AI, 빅데이터 같은 공염불을 외지 말고 실현시켜야 한다.

4세대 지능형 나이스 도입의 성패는 여기에서 갈릴 것이다. 교사들에게 강요하는 입력 노동이 빛을 발하려면 같은 내용을 여러 곳에 입력하는 번거로움부터 해결해야 한다. 온갖 검사에 필요한 인증 번호를 출력해서 지급하고, 출결용 증빙 자료는 문서로 송수신하는 관행부터 해결해야 한다.

3. 학교에 들어오는 유무선 인터넷망의 교육청 집선 방식을 개선해서 교육용 인터넷 사용에 자유를 허하라.

학교의 여러 업무와 교육활동 중 보안이 필요한 것은 교육행정 정보시스템과 K-에듀파인, 그리고 교직원들의 업무용 컴퓨터다. 여기에 연결된 망은 교육청을 경유하도록 해야 할 것이다. 그러나 교육활동에 주로 사용하는 학생용망이나 무선 인터넷망까지 교육청을 경유하도록 하여 과부하에 따른 접속 지연 현상을 만들어 내고 있다. 학생용망이나 무선 인터넷망은 교육청 집선 방식을 포기하고 상용망을 사용할 수 있게 획기적으로 개선해야 한다. 그래야 학교에 지급한 디지털 디바이스가 무용지물이 되지 않고 교육활동에 유의미하게 사용될 것이다.

4. 교육기관인 학교에 중소업체의 저가형, 보급품을 납품하여 유령 기기를 양산하는 조달 시스템을 개선하라.

현재 조달청은 구형 제품을 비싸게 파는 곳이라는 오명을 뒤집어쓰고 있다. 전자기기의 특성상 제품의 교체 주기가 짧고 새로운 버전이 지속적으로 출시되어 오늘의 신형이 내일의 구형이 되는 것이 현실이다. 그러나 조달청 시스템은 심사 절차가 엄격하여 심사를 통과한 후에는 이미 구형이 되어 있거나 시장에서는 외면받는 모델이 높은 가격으로 올라와 있는 경우가 많다. 그럼에도 공공기관은 조달청 물품이라는 이유로 울며 겨자 먹기로 구매하게 된다. 그렇게 구매한 전자기기는 얼마 사용하지 못하고 구형이되어 등록대장엔 존재하나 사용할 수 없는 유령 기기가 되어 방치된다.

학교에 근무하는 교사는 디지털 디바이스나 인터넷망의 전문가가 아니다. 교원 양성 대학에서 그런 교육을 받은 적도 없다. 그럼에도 정보부장이라는 허울 아래 온갖 정보 관련 업무를 알아서 공부하며 감당하고 있다. 쏟아져 들어오는 모바일 디바이스 관리 책임까지 떠안으며 수업보다 관리 업무에 시간을 뺏기고 있다. 게다가 저가형 기기는 정보 업무 담당 교사의 업무를 두 배, 세 배 가중시킨다.

이런 현실을 두루 고려하여 적어도 교육기관인 학교에 한해서는 '중소기업제품 구매촉진 및 판로지원에 관한 법률'에서 예외 규정을 마련해 주거나 전자기기를 조달로 구매하도록 제한하는 규정을 폐지해야 한다.

5. 교육용 기기에 한하여 내용 연한을 융통성 있게 적용하고, 기기의 구매 단가를 현실화하라.

2021년 유례없는 내국세 초과 세수로 6조 원이 넘는 지방교육재정교부금이 추가로 교부되었을 때 시도 교육청은 디지털 전환을 위해 학생용 1인 1디바이스 정책을 추진했다. 계획 수립 당시 학교 현장에서 가장 많이 나온 아우성은 그 기기를 학교=교사가 관리하는 것이 아니라 학생 스스로 관리할 수 있게 해야 한다는 것이었다. 적게는 수십 대에서 많게는 수백 대에 이르는 기기를 관리할 인력을 별도로 주지도 않으면서 학교에서 관리하라고 하면 감당할 수 없다는 것이 중론이었다.

앞서 사례에서도 언급했듯이 몇십 대의 기기가 있어도 관리하는 인력이 없어 어려움을 겪고 있다. 사용자나 관리책임자가 명확한 사무용 기기와 달리 교육용 기기는 여러 학생이 사용하면서 분실이나 고장, 파손이 더 자주 발생할 수밖에 없는 구조다. 그럼에도 공공기관의 물품관리 지침을 동일하게 적용하다 보니 관상용으로 전락하는 경우가 많다. 분실, 고장, 파손을 대비하기 위해 쇼윈도에 진열해 놓고 사용하지 않는 일이 일어나는 것이다. 원격 수업에 필요한 기기를 대여할 때도 이 기기를 분실하거나 파손할 경우 이를 변상해야 한다는 문구가 붙어 있는 것을 보고 대여를 포기하는 가정도 있었다. 따라서 학교와 교사에게 어느 정도 자율권을 주고 교육용 기기의 내용 연한을 차별화해야 한다. 또한 무상 AS 가능한 대기업 제품을 구입할 수 있게 지침을 개정하고 최신형 기기를 구입할 수 있게 구매 단가를 현실화해야 한다.

6. 전자기기를 비롯한 교육용 디지털 인프라 유지 보수에 더 적극적으로 투자하라.

공공기관 내 전자기기 보유량을 따지면 학교가 압도적일 것이다. 그럼에도 전자기기 및 디지털 인프라 유지 보수는 학교별 용역 계약을 통해 진행되다 보니 지역별, 학교별 편차가 매우 크다. 게다가 이를 담당할 별도의 인력이 고용된 학교는 전국 17개 시도 교육청 중 서울시교육청이 유일하다. 학교는커녕 교육지원청에도 전담 인력이 없는 지역이 대부분이다.

학교의 정보 업무 담당 교사는 디지털 정보화 기기의 유지 보수가 아닌 정보화 기기를 활용한 효과적인 수업 방안 등을 연구하고 이를 다른 교사들에게 공유하는 연수를 하는 것이 바람직하다. 이를 위해서는 유지 보수 담당 인력을 배치하거나 일정 수준의 역량을 갖춘 유지 보수팀을 교육지원청에 상주시켜야 학교별, 지역별 기기 관리의 편차를 줄일 수 있다. 기기를 배포하고 이를 양적 통계로 선전하는 것에 집중하지 말고 실질적이고 효과적으로 사용할 수 있도록 지원하는 것이 더 중요하다.

7. 블렌디드 학습이 필수인 시대, 다양한 시도를 장려하라.

이제 원격 수업은 코로나19로 인해 어쩔 수 없이 해야 하는 수업 형태가 아니다. 언제 어떻게 또 이런 위기 상황이 발생할지 모르는 시대이면서 동시에 인간 존재가 온·오프라인을 넘나들면서 정체성을 형성해 가는 시대다. 원격 수업이 대면 수업을 위한 어쩔 수 없는 대체재라는 낡은 인식에서 하루빨리 탈피하고 온·오프라인을 넘나드는 교육과정, 수업, 평가, 상담이 가능한 학교 문화를 만들어야 한다.

기존의 시범학교, 선도학교를 통한 사례 발굴 방식을 넘어 전국에 흩어져 있는 교사들의 다양한 사례를 찾아 지원하고 이를 뛰어넘는 새로운 시도를 장려해야 한다. 각 학년별, 교과별 내용이나 활동 중 블렌디드 학습으로 더 나은 교육 효과를 볼 수 있는 것들을 발굴해야 한다. 더불어 학교 수업이 끝나면 끝인 대면 수업 중심의 사고방식을 탈피하여 언제나 실재하는 연결을 체감할 수 있게 하는 다양한 생활지도나 상담 사례들도 찾아야 한다. 이런 시도는 무엇보다 돌봄 격차를 해소하는 데도 도움이 될 것이다.

디지털 기기 보급 사업,
부족한 2퍼센트는 무엇인가?

모든 학생에게 원격 수업용 기기가 필요하다

코로나19 팬데믹은 우리 사회의 지형을 크게 바꾸어 놓았다. 흥하던 산업이 쇠하고, 부각되지 못하던 시장이 크게 성장했다. 사회의 어두운 단면이 드러나기도 하고, 눈에 보이던 문제들이 은폐되기도 했다. 학교를 둘러싼 교육활동도 이를 비켜 갈 수 없었다. 한국전쟁 당시에도 공식적인 휴교가 없었던 나라였는데 2020학년도 새 학기 첫날부터 개학 연기에 휴업이 연장되었다. 잘 알려지지 않은 전염병, 그러나 치명률이 높은 전염병 확산에 대한 우려는 사상 초유의 전면 원격 수업 실시라는 처방으로 이어졌다. 전국의 학교가 실험실이 되는 이런 모험은 우리나라뿐 아니라 전 세계적인 현상이었다.

보는 관점에 따라 평가 결과는 달라지겠지만 그럼에도 이런 초유의 상황에서 전면 원격 수업에 대한 학교의 대처는 일정 부분 성공적이었다고 본다. 2020년 4월, 원격 수업을 도입한 초기에 학습관리시스템(LMS) 중 하나인 e학습터에 올라온 수업용 콘텐츠는 약 15만 2000건이었는데 불과 열흘 후에는 175만 8000건으로 비약적으로 증가했다(『동아일보』 2020.4.30.). 그뿐 아니었다. 전국의 교사들은 자발적으로 '학교가자' '우리반닷컴' 등과 같은 학습 내용 공유 사이트를 열고, 원격 수업과 관련한 여러 노하우나 팁을 공유하는 카카오톡 오픈 채팅방, 유튜브 채널, 공유 드라이브 등을 개설하기 시작했다.

문제는 학생들이 사용할 원격 학습용 디바이스와 각 가정의 유무선 인터넷망이었다. 이 문제를 해결하기 위해 교육부와 각 시도교육청은 긴급 예산을 편성해서 단위학교에 디지털 기기를 보급하고, 교육용 플랫폼에 접속하는 경우 무선 인터넷 이용료를 한시적으로 면제해 주는 MOU를 체결했다. 불과 얼마 전까지 디지털 기기는 '학교에 있으면 좋지만 굳이 예산을 들여서 살 필요까지는 없다'는 인식이 일반적이었던 것을 감안하면 엄청난 변화다.

태블릿PC와 같은 기기를 활용하는 가장 좋은 방법은 개인이 소유한 기기를 사용하는 BYOD(Bring your own device)다. 기기 구입을 위한 예산이나 유지 관리를 위한 별도의 노동 없이 학교에 무선 인터넷망만 제공해 주면 해결되기 때문이다. 그러나 이런 방식은 예산 사용의 효율성은 보장해 주지만 교육적인 효과 면에서는 부정적인 문제를 발생시킨다. 학생 각자에게 기기를 가져오라고 할 경우 각 기기의 운영체제나 스펙이 천차만별이기 때문이다. 더구나 교육용으로 필요한 앱을 설치하려고 할 때 비용이 발생하는 부분을 해결하기 어렵고 무료 앱이라고 하더라도 일일이 보호자의 인증을 받아야 하는 복잡한 절차를 거쳐야 한다. 교육적인 효율성을 추구한다면 최소한 같은 학급, 같은 학교에서는 동일한 기기를 사용하는 것이 좋다.

뜻밖의 세수 호조, 학생 1인 1디바이스를 지급하라

이런 학생 개인용 기기 지급 문제는 2021년 예상치 못했던 내국세 초과 세수에 따른 추경으로 지방교육재정교부금이 6조 원이나 추가 교부됨으로써 해결의 실마리를 찾을 수 있었다. 2020년은 코로나로 인해 집행이 불가한 예산을 전용해서 급한 대로 디지털 기기를 구비했다면, 2021년은 예산의 여유가 생겨 계획을 세워 집행할 수 있게 된 것이다. 물론 코로나19로 인한 원격 수업 상황이 아니었다면 학생 1인 1디바이스 사업 같은 것에 추가 교부금을 사용하려고 하지는 않았을 것이다.

다수의 시도 교육청이 추가 교부된 예산 중 일부를 1인 1디바이스 사업에 편성하면서 여러 논의가 이어졌다. 어느 브랜드의 어떤 기기, 어떤 기종을 보급할 것인가는 중요한 문제였다. 기기의 운영체제(OS)와 브랜드의 영향력은 강력하다. 대표적인 운영체제는 윈도, 안드로이드, iOS(애플의 OS), 크롬OS, 웨일OS 등인데 각각 장단점이 있다.

우리나라에서 컴퓨터 OS로 가장 많이 쓰는 것은 90.14퍼센트의 점유율을 차지하는 윈도다. 애플의 맥OS는 6.06퍼센트에 불과하다(『디지털데일리』 2021.9.14.). 점유율만 따진다면 우리나라 어디에서나 윈도를 쓰기 때문에 학생들은 윈도에 익숙해질 필요가 있다. 어쩔 수 없이 맥보다는 윈도를 사용해야 하는 상황이라는 것이다. 모바일 기기용 OS는 또 다르다. 안드로이드가 72.6퍼센트, iOS가 27.1퍼센트로 어느 하나가 절대 우세라고 하기는 어려운 상황이다(『조선일보』 2022.1.12.).

브랜드를 살펴보면 스마트폰 시장에서 삼성은 64.8퍼센트, 애플은 27.1퍼센트다. 노트북의 경우 1위 삼성전자, 2위 LG전자, 3위 레노버, 4위 애플이다(『전자신문』 2021.8.10.). 1, 2위는 국산이며 3, 4위는 외산 브랜드다. 국산 브랜드가 점유율이 높은 이유는 AS에서의 편의성과 브랜드 인지도 때문일 것이다.

이런 통계에 따르면 컴퓨터는 윈도 기반, 모바일 기기는 안드로이드 기반의 국산 브랜드를 선정하는 것이 정답처럼 보인다. 그러나 정작 기기를 사용하는 학생들이 원하는 OS나 브랜드는 이런 통계를 배반한다.

OS별 특징을 알아야 선정도 잘할 수 있다

우리나라는 내국세의 20.79퍼센트를 유·초·중등 교육을 위한 지방교육재정교부금으로 집행하도록 법으로 정해 두었다. 장점은 국세가 많이 걷히면 교육재정도 늘어난다는 것이고, 단점은 국세와 연동되어 예측하기 어렵고, 재정 당국의 추경 여부에 따라 몇조 원의 예산이 널을 뛸 수 있다는 것이다. 2021년 재정 당국의 보수적 세수 추계로 초과 세수가 발생했고 그 결과 약 6조 원의 돈이 시도교육청으로 추가 교부되었다.

내국세에 따라 널을 뛰는 지방교육재정은 예산의 한계로 작용하고 보급 단가를 낮게 책정할 수밖에 없는 상황을 만든다. 때문에 노트북 컴퓨터와 모바일 기기를 구분하지 않고 하나를 선택해서 보급해야 한다. 다음의 표는 현재 선택 가능한 운영체제별 탑재 기기, 특징, 개방성, 가격을 비교해 놓은 것이다.

	기기	특징	개방성	가격
윈도	데스크톱, 노트북	다양한 앱(프로그램)을 설치 가능 사용자에 맞게 세팅이 가능	자유로움	다양함
맥OS	맥, 맥북	보안이 높은 편 앱(프로그램)의 성능이 좋은 편	닫혀 있음 애플 생태계 안에서만 자유로움	비쌈
안드로이드	안드로이드 패드	iOS에 비해 앱이 다양함 한국에서 안드로이드 앱을 많이 만들고 있음 스토어를 통하지 않고 앱 설치 가능	자유로움	15만~100만 원 이상
iPadOS	아이패드	보안이 높은 편 패드용 앱이 따로 존재 안드로이드에 비해 양질의 앱이 많음 (주로 유료)	닫혀 있음 애플 생태계 안에서만 자유로움	40만~100만 원 이상
크롬OS	크롬북	구형 노트북에도 설치 가능 클라우드 기반 구글에서 제작	한계 있음	40만~80만 원대
웨일OS	웨일북	네이버에서 제작	한계 있음	60만 원대

교육청 지원 사업이나 학교 예산으로 디지털 기기를 구입하고자 할 때 현실적으로 고려할 수 있는 범위의 것을 비교했다. 윈도는 범용성이 높아 어디에서나 사용할 수 있다. 최근 마이크로소프트사는 모바일 기기 생산을 염두에 두고 OS에 변화를 주기도 하고 윈도폰 제작에도 도전하고 있다. 그러나 윈도라는 운영체제는 PC 시장에서 대표주자일 뿐 모바일 환경에서는 여전히 약자다.

맥OS와 iPadOS는 애플에서 만든 운영체제다. 이를 탑재한 기기들은 애플에서만 생산하기 때문에 품질 관리가 잘 된다는 장점이 있다. 이런 장점은 그대로 단점이 되기도 하는데, 애플 기기를 사용

2부 코로나 이후의 교육을 위한 우리의 질문 **159**

하지 않으면 접해 볼 기회가 없다. 양질의 교육용 앱들이 있지만 대부분 유료여서 앱 구매에 별도의 비용이 든다. 안드로이드에 익숙한 상황에서는 낯설어서 불편함을 느낄 수도 있다. 그러나 애플 기기의 강점은 실질적 내용 연한이 길다는 것이다. 하드웨어도 훌륭하지만 보통 5년 이상 OS 업데이트를 지원해 주기 때문에 구세대 기기도 계속 사용할 수 있다.

안드로이드는 전 세계 점유율이 70퍼센트가 넘는다. 이는 곧 안드로이드폰에 익숙한 학생들은 안드로이드가 탑재된 기기에 별다른 적응 훈련 없이 바로 사용이 가능하다는 장점으로 작용한다. 안드로이드의 또 다른 장점은 개방성이다. 어떤 제조사든 스마트폰이나 패드를 생산하면서 안드로이드 OS를 탑재할 수 있고 제조사의 특성에 맞게 개조할 수도 있다. 애플 기기에서는 불가능한 외부 앱 설치도 가능한데 스토어가 아닌 홈페이지에서 앱을 다운받으면 된다.

그러나 이런 장점은 또 그대로 단점이 된다. 개방성이 높다는 것은 반대로 보안이 취약하고, 해킹에 노출되기 쉽다는 뜻이다. 더불어 안드로이드는 발전 속도가 빨라서 OS 업그레이드 속도를 하드웨어가 따라가지 못하는 경우가 많고, 그런 이유로 구버전의 OS에 대한 업데이트를 지속적으로 지원하지 않는다.

크롬OS는 다른 운영체제에 비해 가벼운 편이라 구형 노트북에 설치하여 크롬북으로 만들 수 있다. 크롬OS 전용 크롬북은 안드도를 생각한다면 윈도 노트북을 선택하게 될 것이고, 양질의 앱과 좋은 성능의 기기를 사용하고 싶다면 아이패드를 선택하게 될 것이다. 학생들이 초기의 진입 장벽 없이 익숙하게 사용하는 것을 우선에 둔다면 안드로이드 패드를, 관리와 편의성, 패드와 노트북의 중간 기능을 우선에 둔다면 크롬북이나 웨일북을 선택할 수도 있다. 이를 좀 더 자세히 정리하면 다음 표와 같다.

기기	선택의 이유	키보드 유무	단점
윈도 노트북	사용 범위가 넓고 점유율이 높아 앞으로도 사용될 가능성이 큼	포함	저가형의 경우 하드웨어 성능이 낮아 실질적 내용 연한이 짧음
아이패드	양질의 앱, 하드웨어 성능 우수, 실질적 내용 연한이 긺	별도 구입	초기 진입 장벽이 존재함
안드로이드 패드	점유율이 높아 초기 진입 장벽이 낮음	별도 구입	OS 업데이트 지원을 기대하기 어려움, 저가형의 경우 실질적 내용 연한 짧음
크롬북	본인 계정만 기억하면 사용 방식이 단순함	포함	애매한 가격대

각 기기별 하드웨어를 비교할 때 키보드 항목을 넣은 이유는 생산성과 관련이 있다. 음성 인식, 음성 입력 등의 기술이 발전하고 있지만 보편화되기까지 상당한 시간이 소요될 것으로 보이기 때문이다. 학습 과제, 협력 활동 등을 진행할 때 여전히 키보드를 활용한 입력 활동이 필수적인 요소다. 따라서 키보드가 있는 기기를 구입할지, 키보드를 별도 구입해서 블루투스로 연결해서 사용할 것인지 선택하는 것도 하드웨어 측면에서 중요한 요인이다.

로이드 패드에 키보드가 달린 형태로 제작된 제품이 많다. 사용 할수 있는 펜이 내장되어 있고, 키보드가 360도 접히는 모델들도 많이 출시되고 있다. 최근 업데이트를 통해 안드로이드용 앱을 사용할 수 있게 되었지만 호환 여부는 확인해야 한다. 초기에는 크롬북이 노트북에 비해 가격 경쟁력이 있었지만 최근에는 크롬북 가격은 상승하고 노트북 가격은 하락하여 가격 경쟁력이 낮아졌다.

웨일OS는 네이버가 개발한 운영체제로 네이버 웨일 브라우저와 크롬OS를 기반으로 제작된 교육용 운영체제로 웨일북에 탑재되어 판매 중이다. 수업 관리 기능, 웨일 스페이스 계정 활용, 인공지능 플랫폼, 교육용 웹앱 스토어 등을 구현한 미래형 원격 학습에 최적화된 OS라고 자평한다. 크롬북이 구글이 제공하는 크롬용 웹앱을 사용할 수 있는 것과 유사하다.

하드웨어는 기기별로 어떻게 다를까?

학교에서 학생용으로 선택할 수 있는 디지털 기기는 앞서 본 것처럼 윈도 노트북, 안드로이드 패드, 아이패드, 크롬북(웨포함) 정도로 한정될 것이다. 이제는 무엇을 우선순위에 두느따라 선택이 달라진다. 지금도 그렇지만 미래 사회는 디지털을 빼고는 설명할 수 없을 것이다. 이를 중심에 두고 앞으로

시도 교육청별 학생용 디지털 기기 보급 현황 살펴보기

2022년부터 전국 시도 교육청에서는 1인 1디바이스 사업을 진행 중이다. 이런 사업을 한다니 지방교육재정교부금이 낮은 상황에서 선출직인 시도 교육감들이 예산 퍼주기 사업을 한다는 비판 기사들이 꽤 쏟아져 나왔지만, 디지털 기기 보급 실태를 확인해 보면 근거 없는 비난임을 확인할 수 있다. 다음 표는 2021년 국가교육회의에서 발행한 '디지털교육 활성화를 위한 주요 의제 분석' 중 네 번째 의제였던 '디지털교육 초·중·고 환경 구축'에 제시된 것이다.

시·도 교육청	기보급률	학생 디지털 디바이스 보급	
		보급되었거나 보급될 기기 종류	향후 보급 목표
서울	16.4%	노트북 태블릿PC	• 2021년 학교 희망 반영하여 108교 지원 • 2022~2024년 매년 중 1학년 100% 보급 목표
부산	19.0%	노트북 태블릿PC	• 2022년 말까지 초 1~3학년을 제외한 100% 보급 목표
대구	37.1%	노트북 태블릿PC	• 2021년 전체 학생 수 대비 48% 수준 1인 1디바이스 보급 학교 선정 • 2025년까지 초 1~3학년, 고 3학년을 제외한 100% 보급 목표
인천	9.6%	태블릿PC 노트북	• 2022~2024년 매년 중 1학년 100% 보급 목표
광주	10.6%	노트북 태블릿PC	• 2022년 4월까지 전체 학생 수 대비 35% 보급 • 2023년 추후 계획을 통해 학생 1인 1디바이스 사업 추진 예정
대전	12.8%	태블릿PC	• 2023년까지 초 1~2학년을 제외한 100% 보급 목표

울산	8.6%	태블릿PC	• 2022년 1교 150대(약 30% 수준) 보급 목표, 향후 추가 계획 수립
세종	16.0%	태블릿PC	• 초 1~2학년 제외한 학생 6인 1대 보급 목표
경기	5.2%	태블릿PC	• 2022년 3월까지 전체 학생 수 대비 30% 보급 • 2026년 말까지 전체 학생 100% 보급 목표
강원	32.0%	태블릿PC	• 향후 보급 계획 미확정
충북	18.2%	태블릿PC	• 초 1~3학년을 제외한 100% 보급 목표
충남	17.2%	태블릿PC	• 2022년까지 전체 학생 수 대비 53% 보급 예정, 향후 100% 보급 목표
전북	17.9%	노트북 태블릿PC	• 학교에서 수업에 공동으로 사용할 수 있도록 노트북은 1학급 분량, 태블릿은 6학급당 1학급 분량 보급 목표
전남	26.4%	태블릿PC	• 2022~2025년까지 초4, 중1, 고1에 보급하여 2025년까지 초 1~3학년을 제외한 100% 보급 목표
경북	28.7%	태블릿PC	• 초 1~2학년을 제외한 100% 보급 목표
경남	10.5%	태블릿PC 노트북	• 2022년 전체 학생 100% 보급 목표
제주	22.4%	노트북 태블릿PC	• 초 1~2학년 포함 학생 4인 1대 보급 목표
전국	18.15%		

이상의 표에서 확인할 수 있는 것처럼 학생용 디지털 기기의 전국 평균 보급률은 18.15퍼센트로 매우 낮은 편이다. 또한 학생용 디지털 기기 보급 방안이 전국적으로 통일되어 있지도 않다. 대체로 태블릿PC를 보급하고 있는 것으로 확인되지만, 크롬북을 일괄 지급하는 교육청도 있고, 단가를 정해 주고 각 학교별 자율 선택에 맡기는 교육청도 있다.

시도 교육청에서 하나의 기기를 선정하여 계약을 맺고 보급하는 경우, 해당 지역의 학생들이 같은 기기를 사용한다는 측면에서 장점이 있다. 현재 경남교육청이 이런 방식으로 운영하고 있다. 교사들 역시 다양한 기기를 다룰 필요가 없어서 해당 기기에 대한 활용법, 수업 사례 등을 학습하면 된다는 측면에서 효율적이다. 어느 학교로 가든 그 지역 학생들은 모두 같은 기기를 사용하므로 전학이나 진학에 따른 부담도 덜하다. 하나의 기기를 지속해서 사용함으로써 일정 수준 이상의 기기 활용법을 습득할 수도 있다. 이를 통해 학생들의 디지털 기기 활용 능력을 쉽게 향상시킬 수 있을 것이다.

반면에 단점도 있다. 시도 교육청에서 한 기업의 제품을 선정해서 대규모 계약을 진행할 경우 선정 과정이나 계약 과정에 문제가 발생할 수 있다. 특정 업체를 밀어 준다는 오해도 발생할 가능성이 크다. 게다가 공공기관인 교육청이 외산 브랜드의 디지털 기기를 대량 구매하기 위해 계약을 체결하는 것이 우리나라 문화에서는 쉬운 일도 아니다.

노트북 컴퓨터의 경우, 비슷한 성능이면 레노버나 아수스, HP가 훨씬 저렴하지만 AS나 브랜드 이미지 때문에 삼성이나 LG와 같은 국산 브랜드의 대기업 제품을 선호한다. 패드의 경우, 현재 우리나라에서 주로 판매되는 것은 삼성, 레노버, 애플의 제품이다. 결국 AS와 사후 관리를 중점적으로 고려한다면 규모와 접근성 측면에서 삼성 제품이 될 가능성이 높다. 그러나 대기업 제품이라는 이유로 대규모 계약에 선정될 수 있을지는 미지수다.

사업 집행은 교육청에서 진행하지만 기기 선정을 학교 구성원들의 선택에 맡기면 학생들이 디지털 생태계의 다양성을 두루 익힐 수 있다는 장점이 있다. 현재 서울시교육청이 이런 방식을 사용하고 있다. 학교별로 교사와 학생들의 선택에 따라 선호도가 높은 기기를 선정할 수 있기 때문에 참여도에 있어서 적극성을 어느 정도 보장받을 수 있다. 이를 통해 보다 양질의 교육이 가능하다. 시도교육청이 일괄로 업체를 선정하는 것이 아니기 때문에 선정이나 계약 과정에서 잡음이 발생할 소지가 현저하게 줄어든다. 위험도가 분산되는 것이다. 문제는 학교별로 기기가 다르다 보니 전학이나 진학 과정에서 새로운 기기에 익숙해져야 한다는 어려움이 따른다. 또한 대량 구매 계약에 따른 단가 할인 폭이 크지 않을 수도 있다.

아이패드를 선택하고 겪은 시행착오 돌아보기

2022년 5월 시장조사업체 캐널리스에 따르면 삼성의 갤럭시탭 세계 점유율은 20퍼센트, 애플의 아이패드는 39퍼센트라고 한다. 전 세계 태블릿PC 10대 중 4대가 아이패드라고 하는데, 그럼 한국의 상황은 어떨까? 일단 학생들의 아이패드에 대한 선호도가 매우 높다는 것을 체감할 수 있다. 그에 비해 교사나 관리자들은 더 낮은 선호도를 보인다.

2020년 전면 원격 수업이 처음으로 도입되어 우왕좌왕하면서 이것저것 준비할 때 서울시교육청은 기기의 선택권을 학교에 일임했다. 당시 대기업들은 디지털 기기의 재고를 처리할 계획을 세웠던 것으로 보인다. 시장에서는 외면받을 수밖에 없는 사양의 안드로이드 패드와 노트북를 구매하라고 하면서 이것도 곧 기기가 없어서 구하지 못할 거라고 했던 데서 미루어 짐작할 수 있다.

당시 나는 관련 업무를 담당하며 원격 수업에 필요한 50여 대의 기기를 구매해야 했다. 다양한 운영체제와 하드웨어 사양 속에서 고민에 빠진 학교들은 빠른 선택을 해야 했다. 다행인지 불행인지 내가 근무하던 학교는 운영체제도 안정적이고 보안 수준도 높으며 우수한 교육용 앱을 활용할 수 있는 아이패드를 선택하여 원격 수업을 위한 생태계 구축을 시도했다. 당시 아이패드를 선택한 학교가 많지 않았기 때문에 그때 겪었던 시행착오를 공유하고자 한다.

다음 표는 2021년 태블릿 기종별 벤치마크를 나타내는 것이다. 벤치마크란 기기의 중앙처리장치(CPU) 성능을 점수화한 것으로 단순 비교용으로만 활용해야 한다. 싱글코어는 단일 작업을 할 때의 성능이고, 멀티코어는 다중 작업 시의 점수다. 표에서 확인할 수 있는 것처럼 벤치마크 점수를 확인한 이상 아이패드를 선택할 수밖에 없는 상황이었다.

기기	싱글코어	멀티코어
2021 - 아이패드 프로 12.9(5세대) / M1	1,760	7,710
2021 - 아이패드 미니 6세대 / A15	1,694	4,641
2020 - 아이패드 에어4 / A14	1,595	4,400
2021 - 아이패드 9세대 / A13	1,335	3,600
2021 - 갤럭시탭 S8 시리즈 / SD 8 젠 1	1,243	3,623
2020 - 아이패드 8세대 / A12	1,114	2,908
2018 - 아이패드 프로 12.9(3세대) / A12X	1,113	4,705
2020 - 갤럭시탭 S7 시리즈 / SD 865+	1,001	3,501
2017 - 아이패드 프로 12.9(2세대) / A10X	851	2,325
2019 - 갤럭시탭 S6 / SD 855	760	2,853
2015 - 아이패드 프로 12.9(1세대) / A9X	668	1,225
2014 - 아이패드 에어2 / A8X	387	1,092
2019 - 갤럭시탭 S5E / SD 670	343	1,473

아이패드를 학교에 도입한다고?

좀 특이하긴 하지만 당시 우리 학교는 주변의 다른 학교들과는 달리 교사들이 아이패드 사용에 우호적이었다. 외산 아이패드보다는 갤럭시탭을 써야 한다는 A학교, 교사들이 주로 쓰는 휴대전화가 안드로이드이니 패드 역시 안드로이드 계열로 하자는 B학교, 개인이 구매한 아이패드를 들고 부장회의에 들어갔다가 선배 교사로부터 겉멋 든 것 아니냐는 비아냥을 들었다는 C학교 등 다양한 사례를 전해 들으며 iOS 환경 구축에 우호적이었던 우리 학교 교사들에게 감사하다는 생각도 했다.

아이패드를 선택하게 된 배경에는 당시 학교에 이미 맥북 프로가 2대 있었고, 2015년부터 교원 학습 공동체로 아이패드 수업 활용 동호회를 운영하고 있었다. 또한 교과교실제가 운영되고 있어서 모든 교실의 빔 프로젝터에 안드로이드, iOS, 윈도의 무선 미러링이 가능했다. 이런 상황에서 갤럭시탭, 크롬북, 서피스고, 아이패드 중 하나를 고르자고 했을 때 교사들은 아이패드를 선택했다. 그렇게 아이패드 생태계 도입을 결정하고 교사들에게 원격 수업용으로 아이패드와 아이펜슬을 제공했다. 그리고 학생 수업용(대여용)으로 40대를 추가하여 총 90대의 아이패드를 구입했다.

애플 스쿨 매니저 활용기

나는 맥 운영체제를 사용한 지 15년이 넘었기 때문에 아이패드 생태계 구축이 어려울 거라는 생각은 하지 못했다. 하지만 90대나 되는 아이패드를 관리한다는 것은 또 다른 차원의 문제였다. 수업 시간에 학생들이 사용할 학생용 아이패드 관리 문제부터 교사가 수업 시간에 유용하게 활용할 수 있는 앱을 구매하는 문제, 이에 대한 교사 연수 기획과 학생 교육 운영까지 넘어야 할 산이 많았다. 물론 다른 기기를 선택했어도 부딪힐 문제이긴 했다. 좌충우돌하는 과정에서 애플 스쿨 매니저(Apple School Manager, ASM) 지원 체제를 알게 되었다.

아이패드를 대량으로 구매하여 학교 수업에서 활용하고자 할 때 각 기기에 로그인하는 계정을 관리하는 두 가지 방법이 있다.

첫째, 기기마다 계정을 생성해서 로그인 작업을 해 놓은 후 수업에 활용하는 방법이다. 이 방법은 한 계정으로 로그인할 수 있는 기기가 5대까지 가능하다는 점을 이용하는 것으로 소규모, 즉 5대 이하로 활용할 때 가능하다. 학교 계정 2개를 활용하면 물론 10대까지 가능하다. 학교 계정으로 작업한 수업용 자료를 해당 아이패드를 사용하는 교사와 학생들이 공유하여 활용하는 방법으로, 학생 계정을 생성하고 별도로 로그인할 필요가 없어서 초기 작업이 번거롭지는 않다. 매번 로그인이나 로그아웃을 할 필요가 없는 장점이 있는 반면에 자료를 백업하거나 자유롭게 활용하기 어렵다는 단점도 있다. 차시 수업이 아니라 장기간 자료를 누적해야 하는 수업에 적합하지 않고, 업데이트를 하려고 할 때 하염없이 시간이 지체될 수도 있다.

둘째, 공용 기기에 학생 개인의 계정을 배정해서 사용하는 방법이다. 기기는 공용으로 사용하지만 학생 모두에게 각자의 계정을 생성해 주고 자기 계정으로 로그인해서 활용하는 것이다. 이 방법을 사용할 경우 대부분의 자료가 개인 아이클라우드 서버에 저장되는 장점이 있지만, 반대로 기기를 사용할 때마다 로그인, 로그아웃을 해야 하는 단점이 있다. 만약 전 시간에 사용했던 한 학생이 실수로 로그아웃을 하지 않으면 다음 시간에 사용하는 학생이 그 학생의 데이터에 접근할 수 있다.

현재 학교의 와이파이 속도나 환경을 고려할 때 로그인, 로그아웃에 드는 시간으로 수업이 지체되기도 하고, 자료가 백업되지 않은 경우 힘든 상황을 겪게 되는 학생들이 생긴다. 그 자료가 수행평가에 필요한 것이라면 이중, 삼중 백업해야 한다고 잔소리 아닌 잔소리를 해야 한다. 그렇게 잔소리를 해도 천진난만한 표정으로 어떻게 된 것인지 모르겠다고, 제발 자료를 살려 달라고 하는 상황이 발생한다.

가장 좋은 방법은 첫째도 둘째도 아닌 제3의 방법, 즉 모든 학생이 개인의 아이패드를 소유하고 개인 계정을 갖고 관리하는 것이다. 비용이 많이 든다는 문제가 있지만, 1인 1디바이스 정책을 계속 추진한다면 큰 무리가 되지 않을 것이다. 교육용 아이패드 단가는 계속 떨어지고 있고 애플 제품은 한 세대가 지난 기기도 성능이 떨어지지 않고 OS를 계속 업데이트해 주기 때문에 도전해 볼 만한 영역이다. 실제로 서울시교육청은 2022년 모든 중1 학생에게 디지털 기기를 지급하기로 하면서 학교마다 선택하도록 했는데 아이패드를 선택한 학교도 상당수 있었다.

애플 스쿨 매니저와 MDM 조합이 필요한 이유

학교에서 관리하는 아이패드가 100대 이하라면 이상의 두 가지
방법으로 어느 정도 운영이 가능하지만 모든 학생이 자신의 기기
를 갖고 수업에 활용한다면 애플 스쿨 매니저(ASM)와 MDM(Mobile
Device Management) 조합이 꼭 필요하다.

애플 스쿨 매니저는 애플에서 교육용으로 아이패드를 활용할 경
우 학생 교육용 계정을 한번에 일괄로 만들어 주고 계정별 200기가
의 저장 공간을 제공해 주는 서비스다. 그뿐 아니라 스쿨워크 시스
템을 활용할 수 있는데, 교사가 학생들에게 수업 자료를 한번에 배
포하고, 과제를 수합할 수 있게 지원해 주는 시스템이다. 이 시스템
을 활용하면 상용 앱스토어를 통해 앱을 설치하거나 업데이트할
수 없다는 단점이 있다. 학생 개인이 임의로 앱을 설치하는 것을 막
고자 하는 의도로 보인다. 추가 앱 설치가 필요할 경우 교사용 기
기는 앱스토어에 개인 계정으로 로그인하여 필요한 앱을 설치해서
사용하고, 수업에 활용할 때는 교육용 계정으로 로그인하여 사용
하면 된다.

MDM은 기업에서 업무 용도로 지급한 다양한 기기를 관리하기
위한 보안 솔루션이다. 이미 시장에 출시된 지 10년이 넘었고, 대부
분의 기업에서 활용하고 있다. 회사에서 직원들에게 지급한 모바
일 기기나 개인 모바일 기기를 업무에 활용하려고 할 때 이를 IT팀

에서 적절히 통제하기 위한 솔루션이라고 보면 된다. 다양한 MDM 솔루션(VMware AirWatch, IBM MaaS360, Microsoft Intun, itrix XenMobile, Cisco Meraki System Manager, Jamf, Hexnode MDM, SimpleMDM) 중 하나를 선택하면 된다. 국내 대행업체를 통해 알아봤을 때 기능이 가장 많은 시스코의 머라키(Meraki) 가격이 4년 기준 대당 8만 8000원이었다.

다음 표는 애플 스쿨 매니저와 MDM을 단독으로 사용할 경우와 이 둘을 조합해서 사용할 경우 어떤 점이 달라지는지 정리한 것이다. Zero touch는 불필요한 옵션을 건너뛰고 디바이스 배포 프로세스를 자동으로 실행시켜 주는 기능으로 수업용으로 활용할 때 매우 유용한 기능인데 이는 ASM과 MDM 조합에서만 가능하다. 교육용 기기를 원격으로 관리하는 기능이나 프로파일이 사용자의 실수로 삭제되는 것을 통제하는 기능, 애플 계정 없이 앱을 구매하고 배포하는 기능, 유료 앱을 대량으로 구매해서 배포하는 기능도 있으면 정말 편리한 기능이다. 학교의 사업자등록번호를 통해서 구입한 앱라이선스를 학교 자산으로 쉽게 관리가 가능하다는 장점도 있다.

	Zero touch 배포	원격 관리	프로파일 삭제 통제	Apple ID 없이 앱 구매 및 배포	유료 앱 대량 구매 및 배포
ASM 단독 사용	X	X	X	O	O
MDM 단독 사용	X	O(제한적)	X	X	X
ASM + MDM	O	O	O	O	O

2020년 처음 원격 수업 전면화가 시도되었을 때 맨땅에 헤딩하는 심정으로 시행착오를 거쳐 하나하나 배워 왔던 것들을 정리했다. 이런 시행착오들이 교육당국에 전달되었기에 최근에는 아이패드를 도입하는 학교 대부분이 ASM과 MDM을 같이 도입한다. 그래야 수백 대의 기기 관리가 가능하기 때문이다. 물론, 이 지난한 과정이 정보 업무를 맡은 교사의 일이냐고 묻는다면, 답은 '아니다'라고 하고 싶다. 이 업무 일체를 대행해 주는 업체와 교육청 간의 협약이 필요한 이유다.

부족한 2퍼센트를 채우기 위하여

디지털 전환은 시대적 흐름이다. 코로나19가 그 시간을 앞당겨 주었을 뿐이다. 지금까지 학교 교육 시스템의 디지털 전환 과정에 어떤 명암이 있었는지 실제 현장의 사례를 중심으로 살펴보고, 시도 교육청마다 추진하고 있는 1인 1디바이스 사업에 필요한 정보와 진행 상황도 짚어 보았다. 이는 모두 하드웨어적 측면에서 언급한 것이다. 그 이유는 무엇보다 하드웨어가 있어야 그다음을 상상할 수 있기 때문이다.

그러나 하드웨어를 갖추어 놓았다고 해서 디지털 전환이 저절로 이루어지는 것은 아니다. 앞서 지적한 바와 같이 서류 중심의 감사 관행, 경직된 물품 구매 방식, 후진적 물품 관리 지침 등의 행정 문화가 디지털 문법에 맞게 바뀌지 않으면 반토막 난 디지털 전환일 뿐이다.

2022년 현재 학교는 하드웨어를 중심으로 한 디지털 전환이 엄청난 속도로 진행되고 있다. AI, 메타버스 AR이나 VR 같은 에듀테크 기술에 대한 교육부나 시도 교육청의 관심도 뜨겁다. 그러나 진짜 중요한 것은 이런 하드웨어나 에듀테크가 미래 세대가 갖추어야 할 역량을 키우는 데 얼마나 도움이 될 것인지에 대한 논의다. 도움이 되기 위해 가장 필요한 것이 무엇인지, 무엇을 어떻게 지원해야 할지 방향을 잡지 않고 '에듀테크 만능론'에 휩싸여 있지 않은지 돌아볼 필요가 있다.

단적인 예가 메타버스 활용 교육이다. 만 18세 이상 가입 가능한 메타버스 플랫폼을 활용하여 시도 교육청이나 교육 관련 기관들이 앞다투어 초·중학교 시범 수업 사례로 발표하는 것을 보면서 '교육'을 생각하는 기관인지, '시류'에 편승하는 기관인지 의문을 품기도 했다. 이제 교육에서의 디지털 전환은 속도가 아니라 방향의 문제가 되어야 한다.

방향의 문제를 고민할 때 가장 중요한 것은 학생들의 발달과 학습 수준에 맞는 디지털 전환을 준비해야 한다는 것이다. 단순 응답형 문제를 해결하면 자극적인 음향과 함께 원색적인 보상을 주는 단말기에 매달려 있는 유치원이나 초등 저학년 학생들을 보고 '학습'하고 있다고 볼 수 있는지, 오히려 시각과 청각을 혹사시키고 있는 것은 아닌지 살펴야 한다. 빅데이터에 기반한 AI를 탑재하지 못한 시스템을 AI 학습 시스템이라고 과잉 선전하는 업체도 상당히 많다. 에듀테크에 대한 과도한 기대나 환상을 걷어 내고 우리 아이의 성장과 발달을 위해 눈을 마주 보며 소통하고 대화를 나누는 것이 가장 큰 투자일지도 모른다.

디지털 전환과 멀티리터러시로의 재편

세계는 지금 디지털 전환(Digital Transformation)의 시대다. 4차 산업혁명과 함께 화두가 되었던 사물 인터넷, 클라우드 컴퓨팅, 인공지능 등 디지털 기술을 활용한 플랫폼을 기반으로 모든 사업 방식을 재편하려는 시도를 일컫는다.

이런 디지털 전환에서 교육도 예외일 수 없다. 이미 지난 3년여의 코로나19 팬데믹 시기를 거치면서 그 흐름의 최전선에 서는 경험을 했다. 이에 대한 대비책 마련을 위해 다양한 연구들이 진행되고 있는 것도 사실이다.

미래 사회의 메가트렌드

2021년 한국교육과정평가원(이하 평가원)은 미래 사회의 메가트렌드를 분석하여 학교 지식이 각 분야별로 어떻게 변화할 것인지, 그에 따라 교육과정은 어떻게 재구조화되어야 하는지에 대한 방대한 연구를 진행한 바 있다. 의미 연결망 분석에 따라 이 연구는 "미래 사회에서는 인공지능이 데이터화된 언어를 통해 소통되고, 디지털 정보 기술과 결합한 거대한 사회 시스템의 플랫폼이 구축되며, 이로 인해 미래 사회 질서 재편이라고 일컬어질 정도의 커다란 변혁을 초래"할 것이라고 전망하고 있다(한국교육과정평가원, 「미래 사회 메가트렌드에 따른 학교지식의 구상과 교육과정 재구조화」).

위 연구에 따르면 사회문화 분야의 메가트렌드는 1. 고령 사회 진입, 여성의 지위 향상, 새로운 가족 구조, 1인 가구 증대, 아동·장애인·노인·취약계층에 관한 사회적 책임 증대와 같은 '인구 동태 및 가족의 변화', 2. 빈곤층 증대 및 경제적 불평등 심화, 기업과 시장의 양극화, 블루칼라 쇠퇴와 계층·세대·성별 간 갈등 심화, 다문화 및 문화 격차 심화, 수도권·지방, 선진국·후진국 간의 격차 심화 등과 같은 '사회적 격차 및 불평등 심화', 3. 사회 전반의 네트워크화, 제조업 패러다임 변화, 소프트 자산·가상 권력·가상 공간의 가치 증대 등과 같은 '지능화·네트워크화', 4. 인간 정체성 혼란, 개인주의 심화, 문화 상품의 시장 지배력 향상 등과 같은 '가치관의 변화'로 요약된다.

이런 전망에서 우리가 던져야 할 질문은 어쩌면 고답적이다. 이 같은 변화의 소용돌이 속에서 학교는 무엇을 어떻게 가르쳐야 할 것인가, 기존 분과학문 중심의 지식 구조는 어떻게 재편해야 하는가, 미래 사회에 대응하기 위해 무엇을 준비해야 하는가 등이니 말이다.

미래 교육 담론을 주도하는 이들은 하나같이 앞으로의 학교 지식은 머리로만 이해하는 것이 아니라 정보와 자료를 찾아 분석하고, 조작하고, 탐색하여 해결책이나 대안을 창출하는 기능으로 전환해야 한다고 역설한다. OECD가 2003년 발표했던 '핵심 역량'이나 '교육 2030'에서 재구조화한 미래 역량 모두 그 맥을 같이한다. 그 기저에는 정답이 있는 것처럼 보였던 과거와의 단절, 불확실성 강화와 위험 사회의 도래라는 문제의식이 있다. 미래 사회의 메가 트렌드가 그리 밝아 보이지 않는 이유이기도 하다.

디지털 시대, 아동·청소년의 변화

우리가 지금 매일 만나는 아동·청소년은 10년 전의 그들과 다르다. 이런 문제는 우리나라에만 국한된 것이 아니다. 산업 기술의 변화는 인간 삶의 양식과 문화를 바꾸고 역사·문화적 존재인 미래 세대의 발달 양상을 바꾸고 있다. 앞서 언급한 평가원의 연구 보고서를 토대로 이런 변화 양상을 요약하면 다음과 같다.

먼저, 몸의 변화다. 여러 연구가 디지털 시대가 되면서 아동·청소년의 신체 운동량 감소, 체질량 지수 증가, 성 성숙기로의 빠른 이행, 성조숙증 증가, 만성 수면 부족, 신체활동 전반의 저하와 비만 등의 양상이 나타남을 경고하고 있다(세계경제포럼, 2018; OECD, 2020 등).

둘째, 신경생리학적·인지적 영역의 변화다. 디지털 매체의 생리적 각성 유발과 높은 흥분 상태 유지, 시각 패턴 인식 능력이나 지각 및 반응 속도 향상, 결정성 지능 약화, 의식적 사고와 성찰 기능을 담당하는 뇌의 전전두엽 영역 약화, 시각 정보를 관장하는 후두엽 증대 등의 현상이 나타나고 있다는 것이다.

셋째, 정서적 취약성이다. 미래 세대의 삶의 만족도는 낮아지고 불안과 우울을 경험하는 비율은 높아지고 있다. 세계적으로 아동·청소년의 10~20퍼센트가 이런 심리적인 어려움을 겪고 있는 것으로 나타난다. 2017년 발표한 PISA(국제학업성취도평가) 데이터는 연구 참여 학생의 19퍼센트가 신체, 언어, 관계적 측면에서 괴롭힘을 당하고 있다고 보고한다.

넷째, 삶의 방식의 변화다. 다원화된 현대 사회는 규범의 해체로 특징지어지며 이는 청소년의 개인화와 탈규범화, 반권위주의화로 나타난다. 관심과 인정을 원하는 세대적 욕구 특성은 소셜미디어

상의 자기 표현과 자기 노출로 드러나기도 한다. 디지털화된 온라인 자아(부캐)는 오프라인 자아(본캐)와 정체성을 구성하는 주요 요소가 되었다. 다중 자아에 익숙한 세대의 탄생이다.

　인구 동태 및 가족의 변화, 사회적 격차 및 불평등 심화, 지능화·네트워크화, 가치관의 변화로 요약되는 미래 사회의 메가트렌드나 아동·청소년의 신체 변화, 신경생리학적·인지적 영역의 변화, 정서적 취약성, 생활 방식의 변화는 디지털 전환이라는 시대적 흐름과 서로 맞물려 진행 중이다. 그렇다면 디지털 전환이라는 물길에 올라타기 위해서 무엇을 준비해야 할까?

리터러시와 디지털 전환

　지난 세기까지 인류는 문자라는 매체를 통해 세계를 이해하고 확장해 왔다. 디지털 전환의 시대, 디지털 기술을 통해 세계를 이해하고 확장해 가는 와중에 이 문법들을 정의할 또 다른 리터러시가 필요하다.

　리터러시(literacy)는 문해력 또는 문식성으로 번역된다. 어원상 문자의 사용 및 이해와 관련된 개념이지만 단순히 기능적 사용 능력만을 뜻하지는 않는다. 리터러시를 통해 세계에 대한 이해를 확장하고 구성해 왔던 인류의 역사 때문이다. 입말의 발달과 글말의 발견이 인류의 문화역사적 발달에 미친 영향은 지대하다. 디지털 전환 시대는 새로운 리터러시를 요구하고 있다. 인터넷망을 통해 미디어가 서로 연결되면서 엄청난 정보가 유통되며 질적으로도 다양화되고 있다. 정보에 접근하고 생산·유통하는 방식도 다차원적으로 변화함과 동시에 쌍방향으로 상호작용하는 방식으로 변화하고 있는 것이다.

이 전환의 시대를 사는 미래 세대는 이중의 리터러시를 요구받고 있다. 현실에서는 문자 중심의 리터러시를, 인터넷에 접속한 가상현실 세계에서는 디지털 리터러시를 활용해야 하는 것이다. 문자 중심의 리터러시로 학습·훈련된 기성세대와 미래 세대 간의 불화는 여기에서 온다. '디지털 네이티브'라는 명명이 낯설지 않은 이유다. 그럼에도 현실의 문자 중심 리터러시를 완전히 버릴 수는 없다. 우리 몸의 물리적 신체성을 포기하지 않는 한 인간은 디지털 세계에서만 살 수 없기 때문이다. 그렇다면 이 둘을 통합할 수 있는지, 어떻게 가능한지에 대한 고민이 남는다.

'리터러시'는 디지털 기술의 발전과 함께 '글을 읽고 쓰는 능력'에서 '특정 분야에서 활용되는 역량과 지식'이라는 의미로 확장되었다. 특정 분야에서 활용되는 역량과 지식은 단순히 이를 활용하는 능력뿐 아니라 세계를 구성하는 능력으로 확장되어 '세계에 대한 이해와 구성 역량'으로 정의되고 있다. 이런 맥락 속에서 멀티리터러시에 대한 다양한 논의가 전개되고 있다.

기존의 리터러시와 디지털 리터러시는 실재하는 현실과 가상세계 속 현실을 구축하고 이해하는 능력으로 보고, 두 능력을 통합하여 이해, 활용하는 능력을 멀티리터러시라고 보는 것이다. 여러 종류의 리터러시가 필요하다는 다중-리터러시 개념을 뛰어넘는 것이다. 미래 세대는 가상과 실재, 두 현실 모두에 거주하는 삶을 살고 있다. 교육은 이 두 세계를 이해하고 통합적으로 활용할 수 있는 능력, 이를 기반으로 새로운 세계를 구축해 가는 능력을 구성하는 방향으로 가야 한다.

멀티리터러시 교육을 위하여

새로운 리터러시를 반영한 교육이 필요하다는 의견에 토를 달 사람은 없을 것이다. 더불어 온·오프라인을 넘나드는 새로운 교육 방식의 도입, 다양한 매체 활용 수업의 전개, 에듀테크의 적극적 활용 등 현재 디지털 전환을 진행하면서 제안되는 새로운 시도도 필요하다. 그러나 그 기술이 사회적으로 어떤 의미가 있는지 탐색하고 숙고하는 절차를 거치지 않는다면 단순한 기술적 활용에 그치고 저차적인 리터러시 교육, 즉 활용 교육 수준으로 전락하게 될 것이다.

호주의 '퀸즐랜드주 교육 2010' 자문위원이었던 앨런 루크(Allan

Luke)는 새로운 기본 교육과정을 설계하면서 역량 중심의 멀티리터러시 교육을 선도적으로 제안했다. 그가 제안한 멀티리터러시 역량이 무엇인지 구체적으로 정리해 보면 다음과 같다.

첫째, 의사소통 현상을 이해하고 이를 바탕으로 세계와 소통하는 역량이다. 둘째, 문자나 인쇄물 중심의 의사소통뿐 아니라 새로운 미디어와 혼합해서 의사소통할 수 있는 역량이다. 셋째, 의사소통을 위해 창의적으로 판단하고 맥락을 읽으며 참여할 수 있는 역량이다. 넷째, 상호문화적인 이해를 바탕으로 다양한 이질적인 문화권의 사람들과 의사소통할 수 있는 역량이다.

디지털 전환과 초연결 사회라는 시대의 변화에 맞게 하나를 더 추가한다면 현실 세계의 자아와 가상현실 속의 자아가 분열되지 않도록 통합할 수 있는 역량 정도일 것이다. 고도화된 사회일수록 내 속에 내가 너무도 많은 자아 분열 현상이 일반적으로 나타난다. 여기에 가상현실 속의 자아가 추가되었을 때 자기 정체성을 잃지 않고 이를 메타인지적으로 조망하고 통합하는 역량이 무엇보다 필요한 시대다. 따라서 멀티리터러시에 대한 논의와 교육적 실천이 단순히 다양한 디지털 미디어 기술을 활용하는 것에 그치지 않고 이들을 내재적으로 통합할 수 있도록 지원하는 방안을 끊임없이 궁구해야 할 것이다.

교육 격차 해소는 차별 없는 교육에서 출발해야 한다

미네르바의 부엉이는 황혼이 되어서야 날개를 편다는 말이 있다. 지금 이 시대를 넘어설 수 있는 새로운 사고방식은 이 시대가 저물 때가 되어야 지혜로 나타난다는 뜻이다. 코로나19 팬데믹을 겪으며 누구나 교육 격차가 문제라고 입을 모았다. 이를 부정한 사람은 없었다. 중요한 것은 '교육 격차'는 코로나로 인한 장기적인 거리두기와 원격 수업 때문에 발생한 것이 아니라 경제가 고도화되면서 지속적으로 드러나고 있었던 문제였음을 인정하고 그 근원적인 원인을 진단하고 이를 해결할 방안을 찾는 것이다. 그러나 단순히 학교 수업 공백이나 지도 소홀로 인한 교육 격차인지, 가정의 '돌봄 격차'가 교육 격차로 드러난 것인지 그 원인조차 제대로 규명하지 못하고 있다.

새 정부는 2022년 5월 3일, 취임식에 앞서 110대 국정과제를 발표했다. 그중 84번 과제로 '교육국가책임제 강화와 교육 격차 해소'를 내세웠다. 이 내용을 그대로 옮기면 다음과 같다.

국정목표 4번 자율과 창의로 만드는 담대한 미래
약속 15. 창의적 교육으로 미래 인재를 키워 내겠습니다.

81. 100만 디지털 인재 양성
82. 모두를 인재로 양성하는 학습혁명
83. 더 큰 대학 자율로 역동적 혁신 허브 구축
84. 국가교육책임제 강화로 교육 격차 해소
85. 이제는 지방대학 시대

84. 국가교육책임제 강화로 교육 격차 해소
O (유보통합) 관계부처와 함께 유보통합추진단을 설치·운영하여 단계적으로 유보통합 추진, 유치원 방과후 과정(돌봄) 대상과 운영시간(주말·저녁 등) 확대
  - 사립유치원 교사 처우개선, 유치원·초등 교육과정 연계성 강화 등 추진
O (초등전일제 교육) 방과후 교육활동에 누구나 참여할 수 있게 '초등전일제 학교'를 운영, 돌봄교실 운영시간을 20시까지 단계적 확대
  - 유아·초등 돌봄 정보를 효율적으로 연계·서비스하는 통합 플랫폼 구축('24~)
O (교육 사각지대 해소) 도움이 필요한 학생의 수요에 맞는 통합지원과 사례관리(교육복지, 기초학력, 위기학생 발굴·지원 등) 체계 마련(~'26)
  - 장애·다문화·탈북학생 등 대상별 특성을 고려한 맞춤형 지원 병행
O (교원 업무부담 경감) 학교와 교육지원청의 기능을 재배분하고, 학교 교육활동 중심으로 통합지원 센터 설치 등 학교의 행정업무 총량 감축
  - 디지털 인재양성, 교육격차 해소 등 새로운 교육정책 추진에 필요한 중장기 교원수급계획 마련, 수석교사 제도 개선 및 임용 확대
O (평생학습 기회 보장) 전 국민의 평생 역량 개발을 위한 혁신방안 수립('22) 및 평생교육바우처 지원 대상을 전 국민까지 단계적 확대 검토(~'27)
  - 성인의 학습·자격·진로 등 경력관리를 위한 '(가칭)온국민평생배움터' 구축

매우 간결하게 언급된 상황에서 실제 목표한 바처럼 교육국가책임제가 강화되고 교육 격차가 해소될지는 미지수다. 교육 격차에 대한 정의부터 생략된 행간의 내용을 채우기 위해서는 교육 주체들과 부단히 협의하면서 방향을 설정하고 차근차근 로드맵을 실행해 가야 할 것으로 보인다.

이 글에서는 교육 격차를 여러 요인에 의해 나타나는 학생들의 인지적, 심리적, 사회적, 정서적, 신체적 측면에서의 발달 격차로 정의한다. 기초학력 부진이나 학력 격차 등은 교육 격차의 하위 요인이지만 인지, 심리, 사회, 정서, 신체적 발달 격차가 만들어 내는 결과로 봐야 한다는 입장이다. 교육 격차를 줄이기 위해서는 어떻게 해야 할까? 이 문제는 코로나19 이전에도 존재했던 화두였지만 코로나19 이후 더 주목받게 되었다. 현장 교사의 시선에서 제안할 수 있는 부분을 정리해 보고자 한다.

교육 격차를 바라보는 언론의 시선

우리 사회가 교육 격차를 바라보는 시선은 주로 '학업 성취'와 '대학 입시 결과'에 한정되어 있다. 학업 성취의 단적인 결과가 대학 입시 결과로 드러난다는 사회적 통념 같은 것이 형성되어 있는 것이다. 그러나 전술했듯이 이는 교육 격차로 드러난 단편적 결과이지 원인이 아니다.

"코로나19 학습 결손, 정말 심각하게 보고 있다"

—『한겨레』 2021.5.8.

"코로나 학습 결손 막는다… 203만 명 보충수업"

—『YTN』 2021.7.29.

"'잃어버린 1년' 학습 결손 확인… 기초학력미달 역대 최대"

—『전자신문』 2021.6.2.

"소득에 따른 교육 격차 확대… 의대 내 고소득층 갈수록 증가"

—『한국경제』 2022.4.14.

코로나19 이후 연일 쏟아졌던 교육 격차를 우려하는 언론 기사를 보면 '학습 결손'에만 초점을 두고 있다는 것을 알 수 있다. 실내에서 장시간 온라인 기기에 접속해야 하는 아이들이 받는 스트레스와 신체 발달에 미치는 영향에는 별로 관심이 없는 것처럼 보인다.

학습 결손을 줄이기 위해 과제 제시형보다는 온라인 콘텐츠를, 일방향인 온라인 콘텐츠보다는 실시간 쌍방향 수업을 통해 학생들을 관리해야 한다는 요구는 실제 교과 내용에 적합한 수업 방식을 선택할 수 있어야 한다는 기본적인 상식을 사장시켰다. 모니터 앞에 아이들의 모습이 보이는 것이 곧 학습하고 있는 것이라는 일천

한 인식은 수업의 형태마저 일원화시켰다. 각 가정의 주거 형태와 조건 등에 대한 고려 없이 단일한 방식의 수업을 강제하며 수업 방식과 학습 결손만 문제 삼는 데 급급했다. 그래서인지 2022년 6월 1일에 실시한 교육감 선거에서도 전임 교육감의 무력함을 '학력 격차'에서 찾았다.

> "'학력 격차 심각' 서울교육감 후보들 한목소리⋯ 해법 제각각"
> —『뉴시스』 2022.5.28.
>
> "기초학력 높여 교육 격차 해소"　　　　　　　　—『경북매일』 2022.5.23.
>
> "학력 격차 해소 방안 논쟁 치열"　　　　　　　　—『MBC』 2022.5.20.

2022년 현재 '학력 격차' 혹은 '교육 격차'가 학교에서의 교육을 통해서 해결 가능한 문제인가? 교육감 후보들이 내세운 방법이 정말 이 문제를 푸는 해법이 될 수 있을까? 교사들이 노력하지 않아서 발생한 격차이고, 교사가 노력한다면 학생의 기초학력을 책임질 수 있을까? 앉혀 놓고 가르치는 것만이 교육인가? 학업 성취에 영향을 미치는 중요 변인이 학습일까? 학업 성취에 영향을 미치는 다른 요인은 없는가? 이런 질문에 답을 찾아야 한다.

코로나19로 인해 드러난 교육 격차

저소득층이 많은 지역에 있는 학교에서 코로나19 시기를 보낸 교사들이 확인한 것들이 있다. 아직 자기 방과 책상이 없는 학생들이 많다는 것이다. 화상 수업 중에 가족들이 기기의 화면 너머로 오가는 걸 보여 주기 싫어서 화면을 끄거나 이불 속에 들어가 수업을 듣는 아이도 있었다. 형제가 여럿인 가정의 경우 기기는 학교에서 대여해도 인터넷 회선의 문제로 동시 접속이 어렵기도 했다.

자녀를 집에 두고 출근하는 부모가 겪는 어려움도 있었다. 바로 아이들의 기상이다. 등교 수업을 하면 깨워서 데려다주기라도 했을 텐데 원격 수업을 하다 보니 도로 잠들어서 깨어나지 못하는 경우가 자주 발생했다. 하루 종일 컴퓨터나 스마트 패드로 수업을 받다가 잠들기도 했다. 아이들의 신체 활동이 줄어들고 수면의 양과 질도 나빠졌다. 늦게 자고 못 일어나는 아이들이 많다 보니 아침마다 보호자와 교사들은 아이들을 깨우는 것이 일이었다.

개별화 지원이나 지속적인 돌봄이 필요한 장애 학생이나 다문화 학생의 원격 수업은 오롯이 교사들의 개인기에 의존해야 했다. 이들을 위한 지침은 있었으나 구체적인 지원 대책은 없었기 때문이다. 2022년 청소년 통계에 따르면 2021년 다문화 학생은 16만 58명으로 2020년 14만 7378명보다 8.6퍼센트 증가했다. 전체 학생 수는 감소했으나 다문화 학생의 비중은 2013년 0.9퍼센트에서 2021년 현재 3.0퍼센트로 해마다 증가 추세에 있다. 그럼에도 아직 한국어 소통이 어려운 중도입국 다문화 가정과 그 학생들이 어떻게 학교의 가정통신문을 이해하고 원격 수업에 참여하며 학습을 이어 가도록 할 것인지에 대한 고민과 대책이 부족하다.

그러나 다문화 학생을 가르쳐야 하는 현장 교사들은 눈앞에 닥친 문제를 외면하지 않았다. 전국에서 자발적으로 모인 교사들과 지역사회 활동가, 외국인 자원봉사자들이 함께 온라인 학습 콘텐츠를 만들어 제공하는 활동을 했다. 경남의 김준성 교사를 중심으로 다문화 학생을 위한 공교육 온라인 콘텐츠 제공 프로젝트 '더빙스쿨'을 운영했고, 실천교육교사모임이 제작 지원을 했다.

"함께 만드는 '다문화 온라인 개학'"

—『KBS 뉴스 경남』 2020.4.21.

"원격 수업 영상에 더빙, 자막⋯ 다문화 학생 돕는 선생님들"

—『JTBC 뉴스룸』 2020.4.22.

"한국어 서툰 다문화 가정 원격 수업 돕기"

—『도민일보』 2020.4.27.

"더빙스쿨 프로젝트 라디오 인터뷰"

—『MBC 경남 백지혜 〈오늘의 경남〉』 2020.4.30.

"다문화 학생을 위한 6개 국어 번역⋯ '더빙스쿨 2.0'을 준비합니다"

—『오마이뉴스』 2020.5.4.

"더빙스쿨 프로젝트 지원에 대한 제안"

—『김해인터넷신문』 2020.5.8.

"다문화 학생 자국어 학습지원 멈춰선 안 돼"

—『도민일보』 2020.5.11.

코로나19는 정규 수업이 끝난 방과후의 삶에도 얼마나 큰 차이가 있는지를 보여 주었다. 부모의 직업에 따라 재택근무가 가능한 가정과 그렇지 못한 가정이 갈렸다. 학교를 비롯한 공적 서비스, 즉 공공도서관, 지역아동센터, 다문화센터, 건강가정지원센터 등이 먼저 문을 닫을 때 사교육업체는 문을 열었다. 이로 인해 가정의 경제 수준에 따라 공공 서비스 영역에서 방과후 활동을 하던 아이들은 오갈 곳이 없어 가정에 머물러야 했다면, 사교육 서비스를 받는 아이들은 평소와 다름없이 그 서비스를 누릴 수 있었다. 이로 인해 지역에 따라, 소득 수준에 따라, 부모의 직업에 따라 다를 수밖에 없었던 학생들의 삶의 질의 격차는 더 커졌다.

교육 격차 해소, 공교육의 오래된 숙제

코로나19 이후 많은 사람들이 교육 격차에 관심을 갖게 된 것처럼 보이지만 교육 격차 문제는 교육계의 오래된 숙제였다. 학생의 학업 성취 차이는 학생 개개인의 특성과 가정의 영향이 크지만 학교에서 보내는 시간이 길어질수록 인지 발달과 격차 완화에 긍정적인 영향을 준다는 연구 결과는 두루 회자된다. 학계에서는 미국 내 대다수 소수계 가정 자녀가 방학 중 영어 공부를 중단할 때가 많아서 결국 영어 성적이 뒤처지는 현상을 발견했다. 이처럼 긴 방학이 되면 뒤로 미끄러지듯 뒤처지는 현상을 '서머 슬라이드(summer slide, 여름방학 효과)'라고 한다. 이는 취약계층의 경우 교사와 학생, 학생과 학생 간 일상적인 상호작용이 매우 중요하다는 것을 보여준다.*

미국의 사회과학자인 로버트 퍼트넘(Robert D. Putnam)은 『우리 아이들』에서 사회경제적 지위가 출발선의 차이에 그치는 것이 아니라 출생 이후 살아갈 환경도 결정한다고 이야기한다. 따라서 지난 2년여 동안 취약한 가정환경에서 자란 학생들을 위한 특별한 대책이 필요하다.

미국의 도시 연구자들이 사회계층에 따른 거주지 분리(residential segregation) 문제를 이론적으로 처음 제시했던 시기가 1920년대였다. 거주지 분리란 사회계층에 따라 거주하는 공간이 지리적으로 서로 분리·분화되는 현상을 말한다. 소득 양극화가 점점 심화되면서 대

---

* 「여름방학 학습 결손 연구」, Entwisle, D.R., & Alexander, K.L., 1992; Cooper H. et al, 1996.

한민국도 소득에 따른 거주지 분리 현상이 본격적으로 드러나고 있다. 「서울의 거주지 분리 심화와 교육환경의 차별화」(최은영, 2004 등) 연구는 서울 25개구 소재 행정동의 평당 집값, 부모와 자녀의 학력, 수능 점수 및 서울 소재 대학 진학률을 분석하여 거주하는 주택 가격에 따라 학력자본이 재생산되고 있음을 지적했다.

2021년 6월 발간된 UC버클리 사회문제연구소(Othering & Belonging Institute)의 보고서는 이런 거주지 분리 현상은 불평등을 심화시키고, 타 집단과 교류할 기회를 차단하여 혐오와 차별의 원인으로 작용할 수 있음을 지적했다. 거주지 분리가 교육 격차를 확대할 뿐 아니라 서로를 가까이에서 지켜보며 상호작용할 기회를 잃게 함으로써 타 집단에 대한 혐오와 차별의 기제로 작동하는 것이다.

한 가정의 소득 수준은 성장하는 어린이의 애착 형성에도 영향을 줄 수 있다. 부모의 낮은 소득은 장시간 노동의 원인이 되고, 가족과 함께 할 시간과 여유를 줄인다. 휴식이 없는 장시간 노동이 주는 높은 스트레스, 이때 분비되는 과도한 코르티솔은 뇌의 편도체를 과잉 활성화시킬 수 있다. 저소득 가정일수록 장시간 노동에 시달리고 이로 인해 자녀와 유의미한 소통을 할 여유를 갖기 어려운 것이다.

이웃사촌이라고 해서 어려울 때 이웃의 도움을 받았던 과거와 달리 그런 도움이나 소통을 기대하기 힘든 시대적 변화도 있다. 아파트와 연립 등 공동주택 거주 비율이 77퍼센트에 이르지만(인구주택총조사, 2019), 층간소음 전화상담은 2019년 2만 6257건에서 2021년 4만 6598건으로 약 77퍼센트가 늘었다(「공동주택 층간소음 현황과 개선 과제」, 2022). 이는 이웃 간 교류가 거의 없거나 아이를 키우며 고민을 털어놓고 이야기를 나눌 이웃 관계가 부재하다는 것을 보여 준다.

1970년 100만 6645명이었던 출생아가 2020년 27만 2400명으로 줄어들었다. 한 가정당 한 명의 아이를 낳거나 혹은 아이를 낳지 않는 딩크족이 늘고 있다. 2020 인구주택총조사 표본 집계 결과, 기혼 여성의 평균 출생아 수는 2015년 1.63명에서 2020년 현재 1.52명으로 줄었다. 기혼 여성의 계획 자녀 수는 0.99명에서 0.68명으로 줄어든 반면, 자녀를 가질 계획이 없는 여성은 46만 5000여 명으로 약 17만 5000여 명(60.3퍼센트)이 증가했다. 아이를 키우며 서로 얼굴을 맞대고 정보를 공유할 이웃은 줄어들고, 아이의 성장 과정을 이해하며 발달단계에 맞게 양육할 기회나 경험은 대부분 한 번으로 그치는 것이다.

학교에서 보내는 시간이 길어질수록 인지 발달과 격차 완화에 긍정적인 영향을 준다는 연구는 교사와 학생, 학생과 학생 간 상호작용의 양과 질이 얼마나 중요한지를 보여 주고 있다. 아이의 발달에서 말을 배우는 것은 인격 형성 과정에 매우 중요하다. 주변인과의 의미 있는 상호작용이 어떻게 이루어지느냐, 그 방식대로 자기 자신과 상호작용하기 때문이다. 그런 환경이 부족한 경우 사회가 이를 지원해 주어야 한다. 어린이집, 유치원, 학교는 그런 의미에서 중요한 사회적 기능을 담당하고 있다. 심리적 안정감에 라포를 형성할 때 의미 있는 학습도 가능하다. 교사가 학생 개개인의 특성을 파악하고 무엇을 지원해야 하는지 고민하고 실행할 수 있어야 한다. 그런 교사의 전문성은 하루아침에 만들어지는 것이 아니다. 지속적인 배움과 훈련, 동료 교사나 전문가와의 소통이라는 긴 여정이 필요하다.

그러나 현실은 그런 전문성보다는 기한이 정해진 각종 업무처리와 방과후 학교, 학교폭력, 체험학습, 자유학기제, 교복 공동구매 등 200여 쪽이 넘는 각종 매뉴얼대로 업무를 처리하느라 진이 빠진다. 각종 법률과 시행령, 그리고 조례가 강제하는 수십여 개의 위원회 회의는 많은 문서 작업을 필요로 한다. 내가 만나는 학생들이 어떤 어려움이 있는지, 어떻게 풀어야 할지 교사들이 함께 모여 공유하고 전문성을 갖춘 동료 교사와 협력할 자리를 만들 여유가 없다. 학생 중심 교육이 아니라 업무 중심 학교가 되어 버렸다.

수업 중 과제 미이수 여부를 공개적으로 발언했다고 교사를 아동학대로 신고하는 학부모, 체육 시간에 이론 수업을 하면 이론 수업만 한다고 민원을 넣는 학부모, 아이가 아프다고 전화가 왔다며 택시를 불러서 태워 보내 달라고 요구하는 학부모 등 각종 부적절한 민원에 시달리는 교사가 많다. 개인정보 보호법에 따라 아이들 부모의 이름도, 나이도, 직업도 모르는 상황에서 담임 교사의 개인 연락처를 알려 달라는 압박에 시달리기도 한다. 물론 이런 학부모가 많지는 않지만, 매해 한두 명씩 겪다 보면 자신감과 의욕을 잃게 된다. 굳이 나서서 문제를 해결해 줄 필요를 느끼지 못하는 것이다.

어릴 때부터 시작되는 학교폭력 예방교육은 학생과 학생 간 상호작용을 왜곡하기도 한다. 법률이 정한 의무교육 시수에 따라 지금 세대 아이들은 '학교폭력을 하면 안 된다'는 말을 지속적으로 들으며 자란다. 그렇다고 학교폭력이 의미 있게 줄어들지 않는다. 학교폭력의 정의, 유형, 처벌 등에 대해 배우지만 그런 방식이 효과적이지 않음을 이제는 말해야 한다. 초등 저학년, 만 6, 7세에 불과한 아이들이 고의적이고 지속적으로 일방적인 위해를 가하기 어렵다. 아이들이 타인을 대하는 태도는 대부분 가정에서 부모가 아이를 대하는 태도에 기인하는 경우가 대부분이다. 화가 나서 친구를 때린 아이는 화가 나면 사람을 때려도 된다는 인식을 갖고 있다. 이른바 맞을 짓을 했다는 것이다. 과연 누구로부터 배웠을까?

발달 중인 아이들이 가정에서 배운 미성숙한 행동이 자신의 정체성을 나타낸다고 단정 짓게 만드는 것이 바로 학교폭력 예방을 위한 특별법이다. 이에 따라 아이들은 수많은 타인과의 관계에서 그들의 개인적 특성을 이해하려 애쓰기보다는 가해자와 피해자 두 가지 유형으로 인식하게 된다. 어릴 때부터 자신은 피해자로, 자신을 제외한 모든 친구는 가해자로 가정해야 하는 문법에 익숙해지는 것이다.

단 한 명의 아이도 포기하지 않는 교육은 가능한가?

모든 아이는 부모를 선택할 수 없다. 각 개인의 재능도 가정의 여러 요인에 따라 천차만별이다. 하지만 국가는 모든 아이가 차별 없이 교육받을 권리를 보장해야 할 책임이 있다. 교육 격차 해소에 대한 논의는 여기에서 출발해야 한다. 모든 아이는 세상에 태어나 처음 만나는 부모와 비언어적 의사소통을 시도한다. 그러나 많은 부모들은 아이의 발달에 대해 배운 적이 없다. 하루 주기 리듬에 따라 통제되는 수면 패턴은 생후 3~4개월은 되어야 작동을 시작한다. 햇빛, 기온 변화, 일정한 간격의 식사 같은 반복되는 신호에 따라 수면 습관이 안정적으로 자리 잡는 데 약 36개월이라는 시간이 걸린다. 이를 인지하지 못하면 아이의 불규칙한 수면 패턴으로 고통받으며 기약 없는 불면의 밤을 만드는 아이를 어떻게 대해야 하는지 깨닫기가 어렵다.

또한 아이가 언제 어떻게 말을 익히는지, 언제 걷고 뛰는지, 무엇을 먹여야 하는지, 갑자기 울며 보채거나 말도 안 되는 이유로 고집을 부릴 때 어떻게 해야 하는지 도무지 알 수가 없다. 그래서 쉽게 외부 전문가를 찾게 된다. 그러나 더 큰 문제는 이런 것이 문제이고 해결해야 한다는 문제 인식을 하지 못하거나 설사 했다고 하더라도 실행하지 못하는 보호자들이 있다는 것이다.

대다수의 부모들은 아이의 발달을 관찰하고 이해하고 공부할 시간이 없고 방법도 모르기에 전문가가 집필한 책을 찾거나 인터넷에 떠도는 정보를 습득하여 아이의 발달을 이해하려고 노력한다. 백화점 문화센터나 병원, 발달 상담기관 등을 찾기도 한다. 그러나 '문제 인식'을 하지 못하면, 문제를 인식했더라도 실행할 의지나 여력이 없다면 아이가 적절한 시기에 꼭 필요한 도움을 받지 못해 그 문제는 더 커져 버리고 전반적인 저발달 상황에 놓인다.

이런 상황에서 어떻게 해야 단 한 명의 아이도 포기하지 않는 교육을 실현할 수 있을까? 그 출발은 모든 가정의 기본적인 보육 기능을 보장해 주는 것에서 시작해야 한다. 우리는 유엔 아동권리협약(CRC) 비준국으로 18세 미만의 모든 아이의 생존권, 보호권, 발달권, 참여권을 보장해 주어야 한다. 무엇보다 모든 아동이 안전하고 건강하게 자라며 기본적인 삶을 누릴 수 있게 삶의 조건을 보장해 주어야 한다. 단적으로 초등학생이라면 자기 방과 자기 책상이 있어야 한다. 수많은 사회복지 예산과 교육복지 예산은 이를 지원하기 위해 우선 사용해야 할 필요가 있다. 이런 기본적 권리를 보장해 주지 못한다면 격차 해소는 이미 불가능한 영역이 된다. 그리고 이것은 학교의 영역이 아니라 국가와 사회의 영역이며, 지자체가 지원해야 할 문제다.

기본적인 삶의 조건을 보장하는 것이 꼭 필요하지만 당장 해결하기는 어려울 것이다. 그러니 학교는 여러 복합적인 요인으로 관계에 어려움을 겪고 인지나 정서, 심리 발달에 위험 신호를 보내는 학생을 위한 대책을 세워야 한다. 이미 학교에는 방과후 자유수강권, 방학 중 급식 지원, 치료 상담 지원, 위기학생 통합 지원 등 여러 지원 프로그램이 있다. 문제는 각 부서별로, 담당 업무별로 프로그램이 지원되다 보니 해당 학생에게 꼭 필요한 지원 중심으로 연결되지 못한다는 것이다. 보호자의 신청이나 동의가 없어서 제외되는 아이는 어떤 지원도 받지 못하고 초등학교를 졸업할 수도 있다. 어린이 발달 지원에서 가장 중요한 것은 조기 발견이다. 그러나 문제가 더 복잡해지고 커진 후에야 발견되거나 그대로 방치되는 사례가 여전하며, 설령 문제를 발견했어도 온갖 규제로 인해 지원이 제대로 이루어지지 않고 있다.

　어린이집이나 유치원에서 조기 발견하면 가장 좋지만 유아교육이 의무가 아닌 상황이라 구멍이 있을 수 있다. 그래서 중요한 시기가 초등학교 1학년이다. 가장 좋은 것은 어린이 발달과 학습 전문가들이 1학년 교실을 모니터링하는 것이다. 그러나 너무 많은 인력과 예산이 필요하기 때문에 당장 실현하기는 어려울 것이다. 대안은 초등학교 1학년 담임 교사들의 1차 모니터링이다. 학급에 인지, 정서, 신체, 사회성 발달에 어려움을 보이는 학생이 있다면 몇 가지 행동 특성을 기록해 전문가 모니터링을 요구한다. 그들이 교실 상황을 모니터링하고 문제가 있으면 심층 검사로 이행하고 그에 따라 치료, 지원, 상담 등을 진행하는 시스템을 만드는 것이다. 해외에서는 이를 '포괄적 학습자 지원 시스템(CSSS)'이라고 한다.

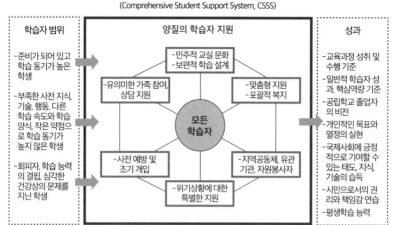

포괄적 학습자 지원 시스템
(Comprehensive Student Support System, CSSS)

학습자 범위
- 준비가 되어 있고 학습 동기가 높은 학생
- 부족한 사전 지식, 기술, 행동, 다른 학습 속도와 학습 양식, 작은 약점으로 학습 동기가 높지 않은 학생
- 회피자, 학습 능력의 결핍, 심각한 건강상의 문제를 지닌 학생

양질의 학습자 지원
- 민주적 교실 문화
- 보편적 학습 설계
- 유의미한 가족 참여, 상담 지원
- 맞춤형 지원
- 포괄적 복지
- 모든 학습자
- 사전 예방 및 조기 개입
- 지역공동체, 유관 기관, 자원봉사자
- 위기상황에 대한 특별한 지원

성과
- 교육과정 성취 및 수행 기준
- 일반적 학습자 성과, 핵심역량 기준
- 공립학교 졸업자의 비전
- 개인적인 목표와 열정의 실현
- 국제사회에 긍정적으로 기여할 수 있는 태도, 지식, 기술의 습득
- 시민으로서의 권리와 책임감 연습
- 평생학습 능력

초등학교에 들어오는 모든 학생은 크게 세 층위로 나뉜다. 준비가 되어 있고 학습 동기가 높은 학생, 부족한 사전 지식이나 기술, 행동을 보이는 학생, 학습 능력이 결핍되었거나 심각한 문제를 지닌 학생이다. CSSS는 이런 학생 모두에게 양질의 학습 지원을 위해 협력하여 기본적인 역량을 갖추고 졸업할 수 있도록 지원하는 시스템이다. 학교와 교사만의 책임이 아니다. 지역사회와 국가도 도와야 한다.

1수준, 모든 학생에 대한 기본 지원은 교사의 몫이다. 2수준, 위기 행동의 징후를 보이는 학생을 파악하고 지원하는 것은 학교 구성원과 교사의 협력으로 학교 안에서 진행된다. 3수준, 가벼운 혹은 상황적 어려움에 처한 학생은 초기 개입을 목표로 지역공동체

지원 수준	1수준 모든 학생에 대한 기본 지원	2수준 협력을 통한 비형식적 추가 지원	3수준 학교와 지역공동체 후원 프로그램	4수준 교육부, 유관 기관의 특성화된 지원	5수준 다양한 기관의 강력한 지원
정의	교실에서 이루어지는 다양한 학생 지원	교실에서 교사가 제공하는 것 이상의 추가 지원	승인 기준에 기초한 심화 지원	특별 평가나 법적 기준에 기초한 높은 수준의 지원	여러 기관의 강력한 지원, 학교 안팎의 치료 및 교정 등
핵심 대상	모든 학생	위기 행동의 징후를 보이는 학생	가벼운 혹은 상황적 곤란을 겪는 학생	일반적이고 일상적인 문제를 겪는 학생	심각한 혹은 복잡한 문제를 겪는 학생
지원 유형	-수업 개입 -보편적/학교 전체의 프로그램	-상담 지원 -간헐적 지원 -행동지원 계획	-초기개입서비스 -목표가 분명한 학교 프로그램 -국어가 제2외국어인 학생 -영재, 특수아동 -초등학교 적응 프로젝트 -소외되거나 위기에 있는 학생 -임신, 10대 부모 -상담 지원 -학생, 학부모의 권리 안내 -장기입원지원 -지역공동체 프로그램	-특별한 지역공동체 기반 서비스 -대안학습센터 -조기 대학 입학 허용 -직업훈련 -중도중복 장애 학생 -기타	-강력한 프로그램 -다양한 기관이 연계된 서비스 -지역공동체 기반 교육 -체류 및 처치 프로그램

지원으로 확대된다. 4수준, 문제가 일상적으로 지속되는 학생은 지자체의 특수 지원을 받는다. 이는 특별 평가 진단과 법적 기준에 따른다. 5수준, 심각하고 복잡한 문제를 겪는 학생은 여러 기관의 강력한 지원, 학교 안팎의 치료, 교정 등이 동반된다. 지금 우리나라는 이 모든 것을 학생이라는 이유로 학교와 교사의 책임으로 방기

하고 있는 상황이다.

포괄적 학습자 지원 시스템이 작동하기 위해서는 3수준 이상의 학생에 대한 사례 관리가 필수적이다. 우리나라도 일반 복지정책에 사례 관리가 도입된 지 15년이 넘었다. 지역사회의 복지 프로그램은 많지만 꼭 필요한 사람에게 맞춤형 연결이 되지 않는 문제를 해결하기 위해 2006년에 전격 도입했다. 그리고 지역사회에서의 사례 관리는 교육복지 체계에도 도입되어 지역사회 전문가(학교의 사회복지사)와 담임 교사, 보호자, 학교장, 지역사회 유관 기관 등이 협력하여 한 아이를 중심으로 그 필요에 맞는 프로그램을 찾아서 맞춤형으로 지원하는 경험이 축적되고 있다. 문제는 아직 경험이 많지 않고 보편화될 수 없는 한계가 존재한다는 것이다.

가장 큰 한계는 지역사회 전문가가 모든 학교에 배치되어 있지 않다는 점이다. 지원 대상자 비율에 따른 배치 방식이 지원 대상 학생 수 기준으로 바뀔 필요가 있다. 또한 지원 대상자가 소수인 학교의 학생들은 아무리 힘든 조건이어도 지역사회 전문가를 만날 기회조차 없다. 이 경우는 지원청을 중심으로 별도의 전문가를 배치해서 해결할 수 있다. 당장 이 같은 시스템이 도입되기는 어렵겠지만 장기적으로 이런 방향으로 교육복지, 지역사회 복지 시스템을 개편해야 한다.

공적 지원 못지않게 교사 개인의 실천도 중요하다

여전히 지금 당장 도움이 필요한 학생들에게는 어떻게 해야 하는가라는 질문이 남는다. 현행 시스템에서 해결할 수 없는 부분들을 메우려면 일상을 깨는 모험을 해야 한다. 과도한 업무와 지침, 수업과 평가, 생활교육, 사례 관리가 필요해 보이는 학생들 사이에서 '교육'을 중심에 두고 무엇을 해야 하는가 고민이 필요한 시점이기도 하다.

코로나19로 학교의 일상적 행사와 사업이 잠시 멈춤 상태였을 때, 한 학교에서는 학습과 발달, 생활 측면에서 어려움을 겪는 아이들을 위해 지속적으로 콘퍼런스를 열었다. 한 학생이 줌 수업 시간에 화면을 켜지 않았는데 사정이 있었다는 것을 나중에 알고 이 학생을 지원하기 위해서 여러 교사들이 모여서 자신의 지혜와 경험을 나눈 것이다. 이런 사례는 '위기학생지원' 혹은 '통합지원회의' 등으로 이미 정책화되어 있다. 문제는 작동 방식이 고루하여 그 필요성에 동의하는 이들도 이 정책을 달가워하지 않는다는 것이다.

특수교육에는 매 학기마다 특수교육대상 학생을 어떻게 지원하고 지도할 것인지 학교 관리자, 학부모, 담임 교사, 특수교사 등으로 개별화교육지원팀을 구성해 개별화교육계획 수립을 위한 회의를 하도록 법제화되어 있다. 그 회의를 통해 개별화교육계획(IEP)을 세우고 결재를 받는다.

이처럼 어려움이 있는 학생들에 대한 지원 방식, 그 학급과 교사에 대한 지원을 고민하는 학교의 공식/비공식 모임이 활성화될 필요가 있다. 학교장이 관심을 갖고 적극적으로 진행한다면 좋겠지만 그런 공식적 지원이 당장 어렵다면 동학년 교사와 특수교사, 보건교사들이 전문적 학습 공동체로 모여서 이런 모임을 만들어 가는 실천도 필요하다.

그 학급의 문제는 그 반 담임 교사의 문제라는 편협한 시각에서 벗어나 어려움을 겪는 동료 교사의 이야기를 들어주는 것을 넘어 함께 해결할 수 있는 방안을 마련하고 협력하는 차원으로 이 땅의 교사들이 상향할 때 비로소 교육 격차 문제는 해결의 실마리라도 찾게 될 것이다. 제도적 빈틈이 보이는 곳은 결국 개인적 차원의 실천이 있어야 한다. 그래야 작은 구멍을 메울 수는 없더라도 둑이 무너질 정도로 더 커지지 않게 막을 수 있다.

돌봄 격차가 교육 격차가
되지 않게 하려면

'교육 본질적 담론'과 '교육을 둘러싼 담론'

학교와 관련된 담론은 두 갈래로 구분된다. '교육 본질적 담론'과 '교육을 둘러싼 담론'이 그것이다. '교육 본질적 담론'이란 학교에서의 교육 행위가 어떤 방식으로 이루어져야 하는가에 대한 직접적인 고민이 오가는 것이다. 예를 들면 혁신학교, 국정 교과서·검인정 교과서, 교육과정과 같은 주제는 교육 본질적 담론에 해당한다. 다른 한편으로 '교육을 둘러싼 담론'이란 학교와 관련은 있지만 교육 행위와 간접적인 관계를 맺는 주제에 대해 오가는 이야기들이다. 예를 들면 고용, 계급 및 계층 재생산, 입시 등이 교육을 둘러싼 담론에 해당한다.

그렇다면 '돌봄'은 교육 본질적 담론과 교육을 둘러싼 담론 중 어디에 해당할까? 가장 이상적인 돌봄의 공간이 어디인지를 묻는다면 십중팔구 가정이라고 말할 것이다. 그러나 소득 양극화, 거주지 분리, 신계급 사회 같은 현상은 한 생명의 돌봄과 관련된 모든 필요를 가정의 책임으로 돌리기에 여러 난점이 존재함을 보여 준다. 부모의 책임으로 돌리면 그 후과를 감당해야 하는 것은 국가, 사회, 시민이 되기 때문이다.

미래 세대의 건강한 성장과 발달을 지원한다는 대의 아래 교육부, 여성가족부, 보건복지부가 모여 돌봄에 대해 협의한다. 이 과정을 거치며 돌봄이라는 대주제는 장소와 시간, 방식, 그리고 프로그램 운영 등으로 형해화된다. 이 과정을 종합하면 돌봄은 다양한 주체들과 여러 영역의 의견이 모이는 '교육을 둘러싼 담론'이 된다.

바람 잘 날 없는 학교 돌봄

우선 학교 구성원으로서 바라보는 돌봄은 혼돈의 소용돌이다. 돌봄이 학교 공간으로 들어온 이래로 바람 잘 날이 없다는 것은 학교 구성원 모두가 공감할 만한 부분이다. 물품 품의, 인력 관리, 돌봄 관련 수요 조사, 지원자 관리, 돌봄 관련 홈페이지 및 안내 관리, 강사료 지급, 업체 간식비 지급, 간식 징수 및 추가 징수·감액 관리,

간식 주문 월별 계획안 작성 및 주문, 학생 출결 관리, 학부모 대응, 방과후 학교와의 소통, 특수 사례 관리, 방학 중 학생 신청 관리 등 모두 옮기도 어려운 여러 가지 일이 교사가 해야 할 업무가 되었다. 돌봄의 사회적 필요에 대한 실질적 진단과 예산 편성 없이 학교로 전가하고 비정규직 인력을 고용하는 것으로 해결하는 방식은 노노갈등을 방치한다. 한쪽에서는 교사들이 돌봄 전담사의 계원으로 전락했다는 이야기가 떠돌고, 다른 한쪽에서는 돌봄 전담사의 노동은 항상 무시받고 차별받는다며 처우 개선을 요구한다.

이에 몇몇 시도 교육청에서 학교 직종별 업무표준안을 마련하고자 하였으나 여러 이해관계가 복잡하게 얽혀 있어 민선 교육감들은 이를 과감하게 정비하지도 못하고 한 발 물러서 구경하는 모양새다. 교육부의 돌봄 개선 대책도 엉거주춤이다. 코로나19를 거치며 긴급돌봄 강사로 교사들이 동원되면서 돌봄교실로 출근하고, 이에 대한 수당을 지급받았다는 이유로 고발당하는 초유의 사태가 벌어지기도 했다. 방과후 돌봄을 위해 학교 공간을 공유하면서 급하면 끌어다 쓰는 것이 전례가 되고 있다.

가장 단적인 예가 돌봄 겸용 교실이다. 돌봄 수요가 많은 학교는 평균 배치 기준인 학급당 학생 수도 26명을 상회한다. 이유는 교실이 부족하기 때문이다. 일반 교실도 부족한데 돌봄까지 해야 하니 오전에는 일반 교실로 학생들이 수업하고, 오후에는 돌봄교실로 운영하는 한 교실 두 살림이 시작된 것이다. 초등학교 교실은 교사와 학생의 교육 공간이면서 교사의 업무 공간이다. 교실을 떠나면 담임 교사가 머물며 수업 준비 등 업무를 할 공간이나 컴퓨터가 없다. 학생, 학부모, 교사 어느 누구도 우리 교실이 돌봄 겸용 교실이 되어 수업이 끝나자마자 급하게 쫓겨나길 바라지 않는다. 그럼에도 학령인구 감소를 근거로 새로운 돌봄 공간을 마련하지 않고 교실 겸용이라는 땜질식 처방을 지속한다.

이런 상황인데도 돌봄에 대한 사회적 요구가 더 커지면서 지난 대선과 지방선거에서는 각양각색의 돌봄 공약이 난무했다. 앞으로 공약들이 어떻게 실현될지 아직 지켜봐야 하지만, 이 공약들의 주된 흐름은 바로 돌봄 시간을 확대하겠다는 것이다. 대표적으로 이슈가 된 것은 학교에서 아침은 물론 저녁까지 제공하면서 돌봄 시간을 연장하겠다는 공약이다.

한마디로 아침, 점심, 저녁을 모두 학교가 책임진다는 것이다. 세 끼를 다 학교에서 해결하는데 이 긴 시간 동안 누가 어떻게 학생들을 책임지고 돌볼 것인가에 대한 논의는 없다. 그동안 학교는 이런 상황을 여러 번 겪어 왔다. 맞벌이 부부가 도시락 싸기 힘들다고 시작한 학교 급식은 저소득 비정규직 여성 일자리를 만들었고, 사교육비를 줄인다고 들여온 방과후 특기 적성 교육은 자영업자의 업무를 담당 교사들이 돕는 상황을 만들었다. 초과 근무 수당을 줄 테니 아침 급식을 담당할 사람을 배정하라는 공문이 언제 어떻게 내려올지 모른다.

사회적 돌봄을 위한 전 사회적 지원 시스템이 필요하다

　이런 현실은 교사들로 하여금 '돌봄 = 교사의 업무 아님'으로 인식하게 만든다. 돌봄 관련 업무에서 빠지는 것을 제1의 목표로 삼고 교섭을 진행할 수밖에 없었던 저간의 사정이 그렇다. 교육부, 여성가족부, 보건복지부와 전국의 지자체 모두가 책임져야 할 돌봄 문제가 학교로 수렴되는 방식은 바람직하지도, 건강하지도 않다. 당장의 필요에 따라 학교라는 공간을 전용할 수밖에 없었다고 한다면 이제 장기적인 로드맵을 세우고 실행해야 한다. 이를 위해 몇 가지 제언을 하면 다음과 같다.

　첫째, 중장기적인 계획으로 돌봄청을 세워야 한다. 질병관리본부가 코로나19를 거치면서 질병관리청으로 승급되었던 것처럼 저출산 사회에 대한 문제를 인식하고 모든 아동청소년의 기본 보장을 위해 돌봄 문제를 전담하는 조직이 필요한 시기다. 돌봄청은 통합적인 돌봄을 위해 로드맵을 마련하고 사례별 지원을 기획, 실행하는 기관의 위상을 지녀야 한다. 보건복지부 주관의 지역아동센터와 다함께돌봄센터, 지자체 돌봄센터, 여성가족부 아이돌보미서비스 및 청소년 방과후 아카데미, 교육부 초등 돌봄교실 등과 같은 다양한 돌봄서비스가 흩어져 있는 것이 아니라 통합 관리되어야 예산, 인력, 프로그램 등을 효율적으로 운영할 수 있다. 이에 대한 논의는 지금부터 시작해야 한다.

둘째, 단기적으로 통합적인 돌봄 운영 사례를 살펴보고 이를 일반화하는 방식을 적극 차용해야 한다. 돌봄청 신설과 통합 돌봄 시스템 마련은 이상적이지만 시간이 필요하다. 그 과도기로 중앙정부 차원에서 보건복지부, 여성가족부, 교육부의 관련 업무 칸막이를 낮추고, 지자체의 모범 사례와 노하우를 적극 지원하고 공유해야 한다. 다행히 이런 사례들은 다양하게 축적되어 있다.

서울시 중구의 '중구형 초등 돌봄교실'은 중구청이 학교의 빈 공간을 활용해 오전 7시 30분에서 오후 8시까지 방학이나 휴업일에도 일관된 돌봄을 운영한다. 중구청에 소속된 돌봄 전담사는 학교가 아닌 구청과 업무를 추진한다. 학교는 방과후에 돌봄 대상 아동을 보내는 일을 하고 담임 교사는 상담이 필요할 경우에 돌봄 전담사와 통화를 하거나 찾아간다. 친환경 소재로 공간을 리모델링하고 다양한 프로그램을 자체 운영하며 식사나 간식을 제공하고, 야간 돌봄을 위한 보안관을 추가 배치하고, 학원 같은 외부 활동 후에 다시 돌봄교실로 입실할 수 있는 지원 시스템도 갖추고 있다.

강원도 춘천시는 마을 돌봄 교육공동체 '우리봄내 동동'을 운영한다. '아이(童)를 위해 마을이 함께 움직인다(動)'는 취지로 마을의 역량을 기반으로 자율적으로 사업을 운영하고 이를 위해 마을 교육활동가를 지원하고 마을 교사를 양성하는 사업이다. 다양한 마을 주체가 참여해 그 지역 아동·청소년의 필요와 욕구를 반영할 수 있는 마을 자원 사업과 연결해 지역의 아이들을 지역에서 돌보는 시스템의 구축을 목표로 한다.

　기관이 빠지기 쉬운 함정은 10+5=15와 같은 단순 계산으로 현장을 재단하는 것이다. 10에서 5를 더하고자 하면 원래 있던 5를 빼거나 더 큰 그릇을 줘야 한다. 꾸역꾸역 밀어 넣으면 넘치는 일이 발생한다. 그렇게 집행된 정책은 실행해야 할 이들에게 부정적인 시각을 불러일으킨다. 그리고 이런 첫인상은 대개 바뀌지 않는다. 돌봄에 대한 학교 현장의 알레르기 반응의 맥락을 이해하지 못하고 이기심의 발로, 편협한 인식 정도로 치부하고 넘어간다면 이후 돌봄과 관련된 사업들은 학교 현장에서 유의미한 결과를 만들어 내지 못할 것이다. 무엇보다 한 아이에 대한 통합적 지원을 위해서 돌봄의 지자체 이관은 시대적 과업이다.

초등 교육 전문가로서 바라보는 돌봄

　교육과 돌봄이 분리될 수 있는가? 이 질문에 대해 어느 누구도 그렇다고 말할 수 없을 것이다. 돌봄 격차가 교육 격차를 발생시키는 현실은 아이들의 삶 전반에 대한 돌봄 기능이 제대로 작동해야 건강하게 성장하고 학습할 수 있다는 것을 입증해 준다. 그렇다면 현재 학교의 돌봄교실은 돌봄의 교육적 기능을 강화하고 아이들에게 필요한 지원을 하고 있을까?

2020년 한국교육개발원이 발표한 '초등 돌봄교실 정책 효과 분석'에 따르면 "학부모에 미치는 긍정적 효과와 달리, 초등 돌봄교실 이용 학생의 정서적 발달과는 관련이 없는 것으로 나타났다"고 보고한다. 그 이유를 돌봄 공백 해소와 일과 가정 양립을 위한 부담 완화를 목표로 하는, 학부모의 수요와 선호에 초점을 맞춘 정책이기 때문이라고 진단한다. 초등 돌봄교실 이용 학생의 전인적 성장과 교육적 선호도를 반영할 수 있는 '학생을 위한 교육적 돌봄'보다는 학부모가 돌봄 공백이 발생했을 때 자녀를 신뢰할 수 있는 공교육 기관인 학교에 맡긴다는 '안전 돌봄에 대한 학부모의 수요'와 선호가 훨씬 더 강하게 반영되고 있다는 것이다.

학교 현장에서 교사들은 이런 문제를 어떻게 경험하고 있을까? 돌봄교실에서 일어난 아동 간 갈등을 담임 교사에게 넘겨 해결하라고 하거나 돌봄에서 관리하기 어려운 학생들을 담임 교사에게 돌려보낸다. 학부모와 직접 소통해야 하는 문제를 담임 교사에게 넘기거나 교사가 대체 인력으로 돌봄에 투입되고 관련된 업무 중 상당 부분을 교사가 담당해야 하는 일이 발생하고 있다.

초등 교육이라는 관점에서 돌봄교실을 바라보면, 돌봄 전담사들은 전문성을 갖추고 있다고 보기 어렵다. 그들은 돌봄 대상인 초등 학령기 아동에 대한 교육이 아닌 보육교사 자격과정을 이수한 것이다. 이렇듯 충분한 관련 경험이나 교육 없이 투입되면서 여러 가지 해프닝이 일어난다. 돌봄 프로그램이 색칠 공부나 종이접기, 숨

은그림찾기나 미로 찾기, 유튜브나 TV 시청으로 채워지기도 한다. 가만히 앉아서 할 수 있는 활동들이다. 학교 공부를 보강하는 유의미한 시간으로 운영하기 위한 시도도 있지만 전문적이고 세심한 교육과정으로 운영되기에는 한계가 있다. 돌봄이 무엇인가에 대한 이해가 제각각 다르기 때문이다.

무엇을 위한 '초등 전일제 교육'인가?

앞서 언급했던 새 정부의 교육 관련 국정과제 중 하나로 '초등 전일제 교육'이 있다. "방과후 교육활동에 누구나 참여할 수 있게 '초등 전일제 학교'를 운영, 돌봄교실 운영 시간을 20시까지 단계적 확대"하겠다는 것이다. 관례에 비추어 보면 수익자 부담이었던 방과후 교육활동을 무상으로 제공하여 누구나 참여할 수 있게 해서 3~4시 이후 하교할 수 있도록 지원하고, 하교 시간이 늦추어짐에 따라 돌봄교실은 오후 4~8시까지 별도의 추가 예산 없이 운영하겠다는 것으로 해석된다. 이어 "유아·초등 돌봄 정보를 효율적으로 연계·서비스하는 통합 플랫폼 구축"이 하위 항목으로 기술되어 있다. 이 공약이 어떻게 실행될지 가늠하기 어렵지만 적어도 교육적 측면에서 고려해야 할 것을 몇 가지 기술하고자 한다.

먼저, 초등 전일제 교육은 학생 15명 이하의 질 높은 교육이 되어야 한다. '서머 슬라이드(여름방학 효과)'에서 확인한 것처럼 공적인 교육기관이 취약계층 아동들에게 미치는 영향은 중위소득 이상의 아동들에게 미치는 영향보다 상대적으로 크다. 코로나19로 학교를 비롯한 지역아동센터와 같은 공적인 교육기관들이 먼저 문을 닫았을 때 공적 기관의 교육 서비스에 주로 의존했던 취약계층과 중위소득 이하의 학생들이 받은 피해가 상대적으로 더 클 수밖에 없었다. 앞으로 전 세계적 팬데믹이 다시 올 가능성이 있다는 전제하에 초등 전일제 교육은 15명 이하의 소규모로 편성해서 운영해야 한다고 제안한다.

코로나19로 대부분의 학교가 문을 닫았을 때 영재학교는 학급당 학생 수가 15명이라는 이유로 대면 수업을 지속할 수 있었다는 사실은 많은 학부모와 교사의 공분을 샀다. 공적인 교육기관의 역할이 절대적인 취약계층 밀집 지역에 있는 학교만이라도 우선적으로 학급당 학생 수를 15명 이하로 운영해서 교육국가책임제를 실현하고 교육 격차를 해소해 가야 한다.

둘째, 초등 전일제 교육은 비정규직이 아닌 정규직 교원이 담당해야 한다. 현재 운영되고 있는 방과후 교육활동은 수익자 부담이라 학교 상황에 따라 부익부 빈익빈 현상이 나타나고 있다. 학생 수가 많은 학교는 상대적으로 양질의 다양한 프로그램을 개설할 수 있는 반면, 저소득층 밀집 지역이나 학생 수가 적은 학교는 강사를 구하기도 어렵고, 힘들게 강사를 구해도 기준 수강생을 채우지 못해 폐강하는 일이 속출한다. 결국 방과후 교육활동을 열긴 하지만 수요에 맞는 프로그램이 개설되기는 어렵다.

따라서 이런 지역부터 방과후 수업을 정규직 교원으로 배치해서 양질의 교육 프로그램이 개설될 수 있도록 지원할 필요가 있다. 정규직 교원이 오후 방과후 수업만 할 수 없으니 오전에는 교과전담 교사로 기준 시수를 정해 정규 수업을 하도록 묘안을 마련해 볼 수도 있다.

셋째, 초등 전일제 교육은 아이를 중심으로 쉼이 있는 교육활동이 되도록 기획해야 한다. 초등 전일제 교육에 대한 다양한 논란이 예상된다. 지난 정부에서 초등 3시 하교제를 추진했다가 물러설 수밖에 없었던 이유는 다양하지만 가장 근본적인 문제는 일과 가정의 양립을 목표로 하면서 동시에 저출산을 해소하기 위한 일종의 도구적 관점으로 접근했다는 것에 있다고 본다. 아이는 성장하고 발달하는 존재다. 미래 세대의 성장과 발달을 중심에 두지 않고 도구적 필요로 전일제로 전용하려고 한다면 또다시 실패할 정책이 될 가능성이 높다. 초등학교 1학년부터 6학년까지 학생들이 요구하는 내용이 다 다를 수 있다. 어떻게 하면 학생들의 요구를 반영하는 전일제 교육이 될지 방향을 설정하고 그 접근 방법을 먼저 고민해야 한다. 스트레스는 아이들에게도 적이다. 아이들의 스트레스를 해소하면서 안전한 돌봄을 유지할 수 있는 방책을 찾아야 한다.

넷째, 초등 전일제 교육을 위해 학교 공간뿐 아니라 돌봄 공간의 다각화가 필요하다. 방과후 교육활동이 꼭 학교에서만 이루어져야 할 필요는 없다. 지역사회와 연계한 다양한 교육활동을 도입하면서 학생들이 학교에만 갇혀 있는 것이 아니라 삶의 공간인 마을을 탐방하고 배울 수 있는 기회가 마련되어야 한다. 지역사회의 교육 자원을 활용하여 지역적 삶에 뿌리내릴 수 있도록 지원하는 다양한 사례들이 이미 많이 축적되어 있다.

다섯째, 특별한 돌봄과 지원이 필요한 학생들을 위한 전담 인력과 지원이 있어야 한다. 장애인 등에 대한 특수교육법이나 다문화가족지원법 등에 따라 현장 교사들은 관련 연수를 지속적으로 받으면서 이들과 어떻게 학급살이를 꾸려 나가야 할지 다양한 실천을 펼치고 있다. 이와 달리 방과후 교육활동이나 돌봄교실에서 이런 학생들을 받기 어렵다고 거절당했다는 이야기가 종종 들려온다. 특수교육대상자도 돌봄교실에서 통합돌봄을 받을 수 있도록 특수교육 전문가를 배치하고, 느린 학습자나 다문화 어린이를 위한 지원 프로그램을 운영할 전문 인력을 배치해야 한다.

무엇을 위한 초등 전일제 교육인가? 여성의 사회 참여? 일과 가정의 양립 분담 완화? 하교 시간과 보호자 귀가 시간 사이의 공백 채우기? 저출산 요인 해소? 무엇보다 미래 세대의 안녕과 발달을 위한 쉼이 있는 교육활동에 방점을 찍어야 한다. 완전히 교수화된 사회에서 이런저런 프로그램에 따라 아이들이 이리저리 끌려다녀야 하는 상황이 되지 않도록 더욱 세심한 정책이 필요하다.

선진국 위상에 맞는
교육의 고도화가 필요하다

눈 떠 보니 선진국?

2021년 7월, 유엔무역개발회의(UNCTAD)는 한국의 지위를 '개발도상국'에서 '선진국'으로 격상했다. 개발도상국이었던 국가가 선진국에 진입한 것은 현재까지 세계 최초이자 유일한 사례다. 이 발표는 그간의 상황을 공식적으로 추인한 것일 뿐, 한국은 이미 구미 지역을 제외하고 산업화와 민주화를 동시에 이룬 거의 유일한 나라다.

일단 한국은 민주국가다. 식민 지배와 독재 정부 시기를 성공적으로 극복했을 뿐 아니라 사회적 부정이나 부패, 개인의 해방 측면에서도 유의미한 성숙도를 보여 주고 있다. 평화적 정권 교체는 이미 공고화되었고, 수백만의 시민이 유혈 사태 없이 질서 있는 시위를 통해 법적 탄핵 절차를 밟아 대통령을 자리에서 물러나게 하는 데 성공한, 성숙한 시민 의식이 돋보이는 국가이기도 하다.

한국은 경제 강국, 특히 제조업 강국이다. 미국 바이든 대통령이 한국에 오자마자 삼성전자 공장으로 직행했던 것에서 엿볼 수 있듯 전 세계의 거의 모든 기기에는 한국산 반도체가 들어간다. 휴대전화, 배터리와 디스플레이, 전기차와 수소차뿐 아니라 철강과 화학, 조선 같은 전통적 산업 분야에서도 상당한 저력을 보유하고 있다.

코로나19 상황에서 단기간에 진단 키트를 개발하고 엄청난 물량의 PCR 검사를 통해 철저한 방역으로 백신이 개발되기까지 치명률을 안정적으로 관리해 온 이른바 K-방역 역시 나뿐 아니라 공동체적 선을 같이 고려하는 성숙한 시민 의식을 지닌 대다수의 국민과 제조업 강국이라는 실력이 있었기 때문에 가능한 일이었다.

소프트 파워는 어떤가? K-POP을 선도하는 BTS와 블랙핑크 등은 비틀스급의 위상을 자랑하고 있으며, 영화 〈기생충〉은 영화산업의 본산 할리우드에서 오스카상을, 2022년 칸 영화제에서는 남우주연상과 감독상을 수상했다. 〈오징어 게임〉은 세계 최대의 영상 콘텐츠 스트리밍 업체인 넷플릭스에서 2021년 9월 23일부터 11월 7일까지 46일 연속 전 세계 1위를 차지하는 기염을 토하기도 했다. 문화예술계에서는 조성진이나 임윤찬이 활약하고, 스포츠 분야에서는 손흥민이 축구의 종주국 영국에서 득점왕에 오르는 등 상대적으로 인종주의적인 장벽이 높은 영역에서까지 활약하기에 이르렀다.

홍콩과 동남아시아 지역의 민주화 시위 현장에서 〈임을 위한 행진곡〉 등이 투쟁가로 애창되거나 러시아나 중동 등지에서 쉽게 삼성 휴대전화 벨 소리를 들을 수 있는 것과 같이 전통적 정치와 경제 영역의 '한류' 역시 지속되고 있다.

이렇게 부쩍 올라간 한국의 국제적 위상을 상징적으로 보여 주는 것은 한국어 교육의 확산이다. 2022년 태국 수능 제2외국어 응시자 중 17.6퍼센트가 한국어를 선택하여 중국어 다음으로 2위를 차지했으며, 베트남은 2021년 한국어를 제1외국어로 격상했다고 한다. 한국어는 현재 16개국에서 제1·2외국어로 채택하고 있으며 전 세계 44개국 1820개교, 17만 명의 학생이 공부하고 있다고 한다.

이러한 성과는 한국이 6·25전쟁 직후의 잿더미로부터 지난 70여 년간 경주해 온 노력과 희생의 결과다. 또한 이는 흔히 회자되듯 자원도 자본도 없는 한국을 '인적 자원' 하나로 견인해 온 '한국 교육'의 성과이기도 하다.

그러나 이것은 동시에 수많은 이면의 문제들을 양산해 온 과정이기도 했으며, 이러한 기존 모델의 효력이 거의 만료되는 상황이기도 하다. 지금 우리는 출생률 저하로 인한 인구 감소와 고령화, 소득 양극화에 따른 격차 확대라는 문제에 직면해 있다. 이런 상황에서 현재의 성과에 대한 지속가능성을 유지하려면 무엇을 어떻게 해야 할지, 추격 사회에서 기능했던 기존의 교육 시스템은 어떻게 재편해야 할지 깊이 숙고해야 할 시기다.

학습의 고도화, 어떻게 실행할 것인가?

과거 농경 시대나 초기 산업화 시대에는 사회에서 요구하는 지식이나 역량 수준이 상대적으로 낮았다. 노동 집약을 넘어 기술 집약적 중간재 수출로 전환해 가면서 동시에 원천기술과 핵심기술을 개발하고 점유해야 하는 현 시기에는 산업과 기술의 고도화에 맞게 교육 내용과 시스템이 변화해야 한다. 단순하게 표현하면 앞서가는 개발자에게 요구되는 지식과 역량은 숙련공에게 요구되는 것과 다르다는 것이다.

학생과 학부모들에게 만연해 있는 교육 스트레스의 이면에는 극심한 학력 경쟁 이외에도 한국의 첨단 제조업 국가화와 그에 걸맞은 교육에 대한 요구 수준 상승(예컨대 고급 엔지니어에 대한 교육 수요 증대)이라는 구조적인 요인도 존재한다. 사실 우리가 첨단 산업국가로서의 위상을 포기하지 않는 이상 그에 발맞추는 학습의 고도화는 수용할 수밖에 없는 상황이다.

일각에서 이야기되는 '내 인생에 필요한 모든 것은 유치원에서 배웠다'는 유의 낭만주의적 인식은 이미 시대착오적인 것이다. 산업혁명 이후 대량 생산 시스템에서 매뉴얼을 읽고 실행할 수 있는 노동력 확보를 위해 근대 공교육이 확대되었다는 점을 감안해 본다면 '교육은 교육의 논리로 접근해야지 국가나 산업의 논리에 종속되어서는 안 된다'는 식의 주장 역시 되짚어 봐야 할 문제다. 개인의 자아실현으로서의 학습의 고도화가 궁구하는 것은 무엇인가? 개인의 자아실현은 사회경제적으로 어떻게 기능하는 것이 바람직한가? 이렇게 질문을 재설정할 필요가 있다.

모든 학생들이 자신의 자아실현 과정으로 고도화된 학습을 선택하지 않는다. 그럴 수도 없고 억지로 그렇게 하라고 해서도 안 된다. 여기에서 딜레마가 발생한다. 모든 아이들에게 강제하면 따라갈 수 없거나 따라가고 싶지 않은 아이들에게 낙오를 강요하는 것이 된다. 지금까지 우리 사회는 '평준화'라는 이름으로 평균치 수준의 표준화된 학습을 강제했다. 추격 산업화 시대에는 그렇게 해도 큰 문제가 되지 않았다. 그러나 지금의 과도기는 이도 저도 아닌 상황에서 순위 경쟁이 치열해짐에 따라 뒤따라가는 학생에게는 여전히 버겁고, 열의가 있으나 순위 경쟁에 밀린 학생에게는 자포자기와 불만을 야기하고 있다. 평준화를 '평둔화'라고 부른다는 진담 같은 농담도 있다.

그렇다고 간단히 해결할 수 있는 문제도 아니다. 평준화를 해체한다면 공교육을 통한 교육의 평등성 보장이 깨지고 과잉경쟁이 오히려 극심해질 위험이 더 커질 수밖에 없다. 박정희 정권이 평준화를 실시했던 것은 시대적 요구가 교육권 보장을 통한 국민의 상향 평준화에 있었기 때문이다. 그러나 이 요구가 여전히 시대적 정합성을 지니고 있는가 묻는다면 어떤가?

기존의 평준화 담론을 넘어서 새로운 어젠다를 세워야 한다는 요구가 한편에서 나오는 것도 이런 맥락이다. 학습의 고도화와 자신의 요구에 맞는 적정 수준의 학습을 설정할 수 있는 새로운 담론이 필요한 것이다. 현행 일반고의 틀 안에서 수준별, 영역별로 고교학점제를 전면화하거나 일반고 체제를 해체하고 전체 학교를 특성화고로 전면적으로 재편하는 등의 새로운 접근이 필요하다. 기존의 방만한 백화점식 학습을 지양하되 선택하고 집중하는 영역만큼은 고도화된 학습이 책임감 있게 수행될 수 있도록 지원하기 위한 다양한 제도적, 정책적 노력(가령 유급제)을 경주해야 한다. 출석 일수만 채우면 자동으로 진급, 진학하는 현행 학제 시스템도 전면적으로 살펴야 한다. 물론 어느 방법을 선택하든 대대적인 교육 투자가 전제되어야 한다.

학습의 고도화는 기존의 지식 암기식 전통적 수월성 교육의 강화를 의미하는 것이 아니다. 수능 점수로 줄 세우는 교육은 더더욱 아니다. 지식, 기술, 가치, 태도를 통합적으로 체득함으로써 수행 가능한 역량을 중심에 둔 교육이다. OECD의 '교육 2030(Education 2030)' 담론에 흐르는 것은 모든 학생이 지니고 있는 잠재력을 최대로 발현하여 전인적으로 성장하고 이를 통해 개인과 사회의 웰빙에 기초한 미래 사회를 구축하는 것이 2030년을 살아갈 현재 학생들을 위한 교육 목표라는 것이다. 무엇보다 능동적 역할자로 살기 위해 변혁적 역량이 중요함을 강조한다.

최근 세계 시장을 요동치게 만들고 있는 시스템 반도체 산업을 보면 이러한 흐름을 읽을 수 있다. 설계를 전문으로 하는 팹리스(fabless), 위탁 생산을 전문으로 하는 파운드리(foundry) 등으로 분업화된 산업 생태계 안에서 협력 체제를 유지하기 위해서는 팀워크 역량, 문제를 감지하고 새로운 설계에 반영하는 창의성과 무한한 시행착오를 감당하면서 목표를 실행하는 끈기 등이 중시되고 있는 것이 그 예다. '교육 2030'의 학습 프레임워크가 지향하는 변혁적 역량은 새로운 가치 창조하기, 긴장과 딜레마에 대처하기, 책임감 갖기 세 가지를 포함하고 있다.

현시점에서 이런 미래 역량을 제대로 평가하고 측정할 수 있는 가는 별개의 문제로 놓더라도 중장기적으로 추구하며 보완해 가야 할 방향인 것만은 분명하다. 이는 OECD나 기업들이 추구하는 인재상 변화의 방향과도 결을 같이하는 것이기도 하다. 물론 수능 이외의 대체재가 아직 명확하지 않거나 시행의 조건이나 사회적 공감대가 부족할지도 모른다. 그러나 그럼에도 불구하고 이른바 '공정성'만을 유일의 가치로 보는 포퓰리즘적 여론을 추종하여 시기의 완급 조절을 하는 정도가 아니라 아예 5지 선다형 수능으로 시대를 역행하는 현 상황은 분명 문제라고 할 수 있다.

유교적 숭문주의가 유발하는 미스매칭

한국은 제조업 국가임에도 불구하고 인문계가 불균형적으로 비대하다. 이러한 부조화는 산업체 쪽에서의 구인난과 취업준비생 쪽에서의 구직난으로 귀결된다. 그리하여 '문송합니다(문과라서 죄송합니다)'라는 신조어가 회자되고 있다.

이러한 부조화는 김영삼 정부에서 추진한 5·31 교육개혁안이 초래한 측면도 있다. 대학 설립 준칙주의에 따라 대규모 투자 없이 손쉽게 대학 정원을 늘릴 수 있는 인문계열 중심으로 대학을 확장한 후과인 셈이다. 물론 가장 근본적인 원인은 학벌 사회 특유의 학력 인플레이션과 생산직보다 사무직을 우대하는 뿌리 깊은 유교적 숭문주의 풍토 때문일 것이다.

대학뿐 아니라 유·초·중등 교육 역시 이러한 문화에서 자유롭지 못하다. 유교적 숭문주의는 학교 문화 전반에 인문계적 사고의 편향으로 자리 잡고 있다. 기후 위기 문제에 대한 실천 과제를 논하는 정규 교육과정상의 교육 내용을 살펴보면 '에너지 소비를 줄이기 위해 에어컨을 사용하지 않고, 자가용이 아니라 대중교통을 이용하고, 손을 씻을 때 물을 받아서 사용하라'는 식으로 기술되어 있다. 그러나 기후 위기 문제는 개인의 생활습관을 문제삼는 도덕에 호소하는 방식보다 그리드망 재편 등 신기술을 통해 에너지 효율을 높이거나 생분해성 신소재를 개발하는 '과학적 방법'으로 해결하는 것이 훨씬 효과적이다.

유교적 숭문주의는 초·중등 교과의 구조에서도 나타난다. 거의 모든 교과들이 경쟁적으로 '학문화'를 추구하면서 교양과목이 교양이 아닌 상황이 만들어졌다. 학생들은 전 교과(국·영·수·사·과·음·미·체·도·실)의 '꼬마 전공자'가 되어 각 '학문의 구조'를 나선형으로 심화시키며 탐구해야 하는 상황에 처하게 된 것이다. 제대로 하려면 엄청난 학습량과 난이도를 감당해야 한다. 반면 대학 진학을 목표로 하지 않을 경우 선택지가 극히 제한되는 아이러니를 유발한다.

이런 상황을 타개하기 위한 다양한 시도가 있었다. 혁신학교에서의 수업 나눔 운동은 '활동과 참여 중심 수업'이라는 이름으로 과도한 학문화의 흐름을 연성화시켜 학생들의 호기심 같은 정의적 특성을 살리고 보호하려는 시도를 지속했다. 그러나 체계화된 논리적 접근 없이 가다 보니 각 교과의 본질을 오히려 놓치는 한계가 나타나기도 했다. 예를 들어 교과의 본질, 수업의 내용보다 부수적인 활동인 색칠하기, 오려 붙이기, 꾸미기 같은 행위가 더 중요하게 부각되는, 본말전도의 상황이 없지 않았던 것이다.

그러나 전공은 전공답게, 교양은 교양답게 그 특성에 맞게 학습해야 한다. 특히 전공으로 삼으려는 과목이라면 필요에 따라 끈기를 갖고 배우는 경험은 필수적이다. 어느 분야든 단순히 흥미와 재미로만 할 수 있는 영역은 그리 많지 않다. 고독한 자기와의 싸움이 필수적이다. 다만, 지금처럼 전공과 교양의 구분 자체가 사라져 전체 과목이 다 전공 학문처럼 매진해야 하는 구조가 되어 버린 상황은 바로잡아야 한다.

첫 출발점은 각 교과들 내 과목을 전공과 교양으로 분화시키고 교양과목의 교육과정 및 교과서 개발은 대학 교수 중심주의를 벗어나 교사·학생·학부모가 주도하는 방향으로 가야 한다. 예를 들어 '생활수학'이라는 교양과목은 문제 풀이가 없는 형태로, 생활에 필요한 수학의 여러 활용 방식을 찾아서 배우는 내용으로 구성할 수도 있다. 교과의 틀을 넘어 여가활동, 투자나 보험, 패션, 미용같이 실제 삶에 꼭 필요하지만 '학문화'되지 않아 과목으로 개설되지 못하는 '금융생활' '여행생활' '뷰티생활' 같은 제대로 된 교양과목도 편성할 수 있어야 한다.

관심을 갖고 전공하려는 분야는 전공 학문의 논리 체계에 따라 몰입하여 깊이 있게 배우되 그 외의 분야는 생활에 도움이 되면서도 큰 부담 없이 공부할 수 있도록 해야 학습을 고도화하기 위한 기반이 마련될 것이다. 이렇게 학문적 엄숙주의를 약화시키면 선비나 양반을 연상시키는 '지식인'이 아닌 '전문가'를 키우는 개방적이고도 실용주의적인 교육 체제로의 전환도 가속화될 것이다. 그리고 이러한 변화가 누적되어야 고질적 미스매칭 현상도 해결의 실마리가 보일 것이다.

소프트 파워를 강화하는 글로벌 보편 교육

선진국일수록 뉴스의 비중(관심사)에서 글로벌 이슈가 차지하는 비율이 높다고 한다. 선진국이 될수록 각종 해외투자 등으로 세계와 얽히는 것을 생각하면 당연한 이야기다. 미·중 패권 경쟁이나 러시아·우크라이나 전쟁 같은 지정학적 리스크도 나날이 증대하고 있다. 그런데 우리는 여전히 세계적 시각을 갖추지 못하고 있다. 가령 역사 교육은 세계사가 아니라 한국사가 중심이다. 거의 모든 교과에서 '한국의 전통'에 대해 강박적으로 집착하고 있다. 일제 강점기 때도 만주로 가던 수학여행을 사실상 국내로만 제한하고 있다.

그런데 이렇게 일국적 시각으로 세상을 보아서는 사회 현상을 제대로 이해할 수 없고, 당연히 문제를 해결하는 데도 많은 한계를 보인다. 가령 대륙 세력과 해양 세력의 대결이라는 세계적 맥락 없이 일국적 시각에서만 보면 조선의 식민지화나 분단은 그저 일본 놈과 친일파, 혹은 빨갱이 같은 나쁜 놈들 탓일 뿐이다. 해결책은 나쁜 놈들을 잘 청산하고 잊지 않는 것이 될 뿐이다.

또한 피해 의식과 적대감에 과도하게 함몰되게 만들어 급변하는 국제 정세 속에서 우리가 선택할 선택지와 상상력 ─ 예컨대 공동안보와 상호협력을 위해 만들어졌던 EU를 벤치마킹하여 동아시아 공동체 같은 것을 모색하는 것 ─ 을 제한한다. 더 나아가 국격이 올라간 만큼 국제 사회에서 더 많이 요구받게 될 각종 의무와 책임, 즉 해외 원조, 기후 변화 대응, 난민 문제 등에 대해서도 외면하거나 소극적이게 만든다.

따라서 선진국으로 호명된 시대에 우리 교육은 세계를 아우를 수 있는 시야와 세계를 품을 수 있는 보편적 가치들을 중심으로 재구성해야 한다. 우리가 가는 길이 표준이 되고 보편일 수 있다는 자신감과 겸손함을 가르칠 필요가 있다. 〈기생충〉이나 〈오징어 게임〉 같은 콘텐츠가 전 세계적으로 관심을 끌고 유행할 수 있었던 것은 지역적 감성을 담으면서 이제 세계의 주된 플레이어 중 하나가 된 우리의 모습 자체를 누구나 공감할 수 있는 보편적 주제의식으로 드러냈기 때문이다.

'보편'이라는 개념은 중첩적 합의(overlapping consensus)를 내포한다. 민족이나 인종, 국가를 초월한, 어떤 문화권이든 동의할 수밖에 없는 가치를 담은 것이다. 서구 문화가 세계적으로 존중받고 힘을 얻는 것 역시 그들의 전통문화가 우월해서가 아니라 보편적 가치를 담고 실현하기 위해 노력해 왔던 역사 때문이다.

따라서 민족의 특수성이 아닌 전 세계적 보편을 중심으로 교육 내용과 가치를 재구성하고, 미래 세대의 잠재력을 실현할 수 있는 학교 교육으로 시스템을 재편해 나간다면 그에 따라 불필요하고 소모적인 정치적 논란도 해소될 것이다. 민주주의, 기후, 생태, 노동, 인권, 다문화 같은 가치 교육이 학교 현장에서 구호가 아닌 실재로 역동해야 한다. 더 나아가 교육이 사회 혁신의 원동력이 되어 한국이 아시아의 '보편'이 되고 보다 개방적인 사회가 된다면 인구 절벽 같은 문제에 직면한 우리 사회에 새로운 기회와 활력을 줄 수도 있을 것이다.

비전 설정과 그에 걸맞은 투자와 혁신이 필요하다

현재 우리나라는 민주주의와 시장경제에 더해 일정 정도의 문화적 소프트 파워까지 갖추게 되었다. 그러나 그 미래까지 장밋빛은 아니다. 특히 인구 감소는 우리 사회에 어두운 그림자를 드리우고 있다. 중진국 함정에 빠지지 않고 지속가능한 선진국으로 자리 잡기 위해서는 이를 극복하기 위한 체계적이고도 정밀한 투자와 혁신이 필요하다.

학령인구 감소는 머지않은 미래에 학교에 직접적인 충격을 줄 것이다. 재개발된 도심 아파트 밀집 지역에는 과밀 학급이 여전하지만, '나 홀로 졸업식'으로 상징되는 작은 학교의 소멸은 곧 다가올 현실이다. 한국교육개발원의 교육 통계에 따르면 전교생이 60명 이하인 소규모 초등학교는 2020년 4월 기준 전국 1488개에 이르며, 그중 30퍼센트 이상이 교육부의 학교 통·폐합 기준에 해당한다.

면 지역에 하나 있는 작은 학교들은 코로나19 상황에서 대면 수업이 가능했다는 장점도 있고, 지역사회의 구심으로 오랜 역사를 지니고 있다. 그러나 지나치게 작은 규모는 단순히 경제적 비효율성을 넘어 교사와 학생 간 상호작용의 역동성과 다양성 면에서 한계와 제약이 많은 것도 사실이다. 이런 문제를 해결하기 위해 교육이주 주택단지를 만들어서 학생들이 먼 길을 통학버스를 타고 등교하는 것이 아니라 학교 근처에 모여 살면서 부모가 일터로 출퇴근하는 대안적인 방안도 실현되고 있다. 적정 규모의 학교에 대한 연구뿐 아니라 방과후에 함께 놀고 공부하며 상호작용할 수 있는 또래 집단을 구성할 수 있는 대안에 대한 연구도 필요하다. 그리고 무엇보다 이러한 대안들에 대한 사회적 협의(social concertation)를 이끌어 내야 한다.

소멸 지역에 적정 규모의 학교를 유지할 수 있게 지원하는 과정이 지난 시기의 학교 통폐합 같은 단순 구조조정이 되어서는 안 된다. 오히려 인구 감소 시대에 점점 귀해지는 학생 한명 한명의 성장을 극대화할 수 있는 지원 시스템이 마련되어야 한다. 예를 들어 지금까지 제대로 된 지원 시스템이나 전문 인력의 보조 없이 담임 개인의 역량이나 열정에만 기대던 취약계층, 난독증, 학습장애, 경계선 지능, 다문화, 특수교육대상자 등에 대한 교육을 획기적으로 혁신해야 한다. 전문가의 지원과 사례 관리가 필요한 학생에 대한 종합적 지원 체제를 마련해야 한다.

초등 전일제 교육 방안으로 방과후 수업뿐 아니라 선택형 교육과정을 도입하여 늘어난 수업 시간에 문예체 등의 다양한 선택 교육과정을 이수할 수 있도록 하는 새로운 시스템을 도입하는 것도 고려해 볼 수 있다. 이러한 정규직 교원에 의한 양질의 선택 교육과 정 운영은 지역 격차나 돌봄 격차 해소는 물론, 학령인구 감소로 임용 절벽 시대를 맞이하는 상황에 대한 대책이 될 수도 있다.

다문화 학생에 대한 맞춤형 지원 대책 마련 역시 절실하다. 보은·옥천이나 청양·금산, 신안·함평·곡성 같은 농산어촌 지역의 다문화 학생의 비중은 전체 학생의 10퍼센트를 훌쩍 넘고 일부 지역은 15퍼센트에 육박한다. 인구 감소에 따라 향후 이주민이 늘어날 경우 이 비중은 더 커질 것이다. 따라서 이들을 지원할 이중언어 교사 양성과 배치 등은 지금부터 본격적으로 준비해야 한다. 이주민을 주변화하지 않고 우리 사회의 구성원으로 성장하도록 지원하는 것은 우리 사회의 개방성과도 연결되는 과제다.

인구 감소 못지않게 세대 변화 역시 대비해야 할 과제 중 하나다. MZ 세대 교사들은 IMF 구제금융 경험으로 안정성을 중시하거나 고속성장 시대 승진열에 빠져 있던 이전 세대 교사들과는 사뭇 다른 모습을 보인다. 주어진 업무에는 충실하더라도 폭증하는 민원과 부조리한 업무 구조까지 감내하려고는 하지 않는다. 노동 소득에 대한 기대가 낮은 탓에 투자나 이직 등에 관심이 많다. 그렇기때문에 각종 관료주의적 규제와 번잡하고 뒤떨어진 교육행정 구조 전반을 혁신하지 않으면 교육의 내실화는 물론 교직의 인기 자체가 떨어질 수 있다. 이미 학교 현장은 중간 역할을 해 줄 보직교사를 구하지 못해 아우성이다.

'교육의 질은 교사의 질을 넘지 못한다'는 말이 있다. 한국의 교육 불평등 지수가 낮은 이유는 공립과 사립, 도시와 농산어촌, 도서벽지의 학교에 우수한 교사들이 임용되기 때문이다. 와이파이망조차 없는 열악한 상황 속에서 교육부의 발표 1~2주 만에 원격 수업을 비교적 성공적으로 수행해 낸 한국의 교사들이다. 그동안 한국교육의 성과가 상대적으로 우수한 교사들의 개인 역량에 기대어 왔던 것을 감안한다면 뒤떨어진 교육행정 구조는 상당히 우려스러운 일이다.

'선진국을 따라잡자'는 추격자 역할에 충실한 순응형, 암기형, 경쟁형 교육은 이제 시효를 다했다. 새로운 가치를 창조하고 긴장과 딜레마에 대처하며 문제를 해결하고 책임을 다하는 변혁적 역량을 갖춘 사람을 키우기 위한 다른 교육 시스템을 구축해 가야 한다. 이를 위해 사회적 합의를 통한 새로운 교육 비전 설정이 필요하다. 그에 따라 교육 내용과 행정 체계 등 교육 전반이 총체적으로 재구조화되어야 한다. 새 정부가 이런 과업을 이루는 데 주춧돌의 역할을 다할 수 있기를 간절히 바란다.

뉴노멀은 언제 오나요?

권재원 실천교육교사모임 고문

코로나19가 끝나면 학교가 확 달라질 줄 알았다. 물론 더 좋은 쪽으로. 코로나 때문에 고통받은 수많은 분들에게는 죄송한 생각이지만 어디까지나 교사 입장에서 보면 그랬다는 뜻이다. 코로나라는 재난이 일종의 전화위복이 될 것이라 믿었다는 뜻이다.

뒤집어 말하면 코로나 이전의 우리나라 교육 시스템이 그만큼 엉망이었다는 뜻이기도 하다. 엉망이었다고? 그렇게 엉망인데 여러 국제적인 교육 지표에서 우리나라 공교육이 세계 상위권을 지킬 수 있었다고? 여러 가지 요인이 있겠지만 교사들의 자발적인 헌신 혹은 반강제적 갈아 넣기도 큰 몫을 했을 것이다. 어떤 사람들은 사교육 덕분이라고 말할지도 모르겠지만, 사교육만으로 그런 성취는 불가능하다는 것을 사교육업자도 인정한다. 그리고 사교육이라는 것 역시 학생 갈아 넣기에 불과하다. 이래저래 갈아 넣기다.

자동차에 비유하면 우리나라 교육 시스템은 각 부품과 장치들은 최고급인데 구조가 엉망인 그런 상태다. 가령 타이어가 네모라거나 기어가 2단에 고정되어 있다거나. 하지만 구조적으로 엉망인 자동차라도 엔진에 과부하가 걸릴 정도로 밟아 대면 질 만들어진 자동차보다 한동안은 더 빨리 달릴 수도 있다. 그러나 오래 달리지는 못한다. 기어코 오래 달리려 한다면 결국 큰 사달이 날 것이다. 엔진이 폭발한다거나 차체가 내려앉는다거나 뒤집어진다거나 등등.

학교가, 교육이 확 달라질 줄 알았다

코로나19는 사회 다른 분야와 마찬가지로 교육계에도 많은 고통을 안겨 주었다. 반면에 그동안 이런 식의 갈아 넣기로 감추고 있던 우리나라 교육 시스템의 문제점을 고스란히 들여다볼 수 있는 기회이기도 했다. 우리나라 교육이 구조적으로 엉성하며, 교사의 갈아 넣기가 불가능해지면 완전히 멈춰 버린다는 사실이 밝혀진 것이다. 답답하고 권위적인 관료제가 교육에 전혀 도움이 되지도 못하면서 얼마나 훼방꾼 노릇을 하고 있었는지도 낱낱이 밝혀졌다.

교육부, 교육청 등의 층층시하 관료들은 온라인 네트워크를 통해 이루어지는 원격 수업에 어떤 영향력도 도움도 주지 못했으며,

오히려 뒷북만 치거나 실현 불가능한 요구를 공문으로 날리는 추태만 보여 주었다. 교장이나 교감 등 이른바 학교 관리자들은 원격 수업 플랫폼 관리자 역할은커녕 여기에 필요한 기초적인 소양조차 부족하여 도리어 열심히 해 보려는 교사들의 기운을 빼기 일쑤거나 아니면 완전히 무력해져 뒤로 물러나 앉았다.

반면 이 기간은 진취적인 교사들에게는 소중한 시간이었다. 이들은 시간과 공간으로부터 자유로운 가상 공간에서 수평적 네트워크로 학교가, 교육이 운영 가능하다는 사실을 배웠다. 또 그동안 눈부시게 발전한 각종 교육 테크놀로지가 소수 선도적인 교사의 전유물이 아니라 거의 모든 교사의 필수교양으로 바뀌는 놀라운 광경을 목격하기도 했다. 미래 교육을 앞당겨 체험하는 일종의 실습형 연수의 역할도 했다.

어차피 교사를 통제할 수 없는 코로나 비상시국이라 교육부, 교육청에서 통제의 끈을 상대적으로 느슨하게 풀어 준 덕분에 다양한 시도가 허용되었다. 또한 그동안 보안이라는 이유로 막혀 있던 다양한 온라인 플랫폼의 가능성을 확인할 수 있었다. 무엇보다 많은 사람의 집합이 불가능해진 관계로 교육청의 각종 행사, 컨설팅, 보고 등이 확 줄었다.

교사들은 낯선 기술을 익히느라 힘들어하는 와중에 이 기술을 활용한 새로운 교육 가능성에 놀라기도 하면서 자신들이 행정 말단 공무원이 아니라 교육자임을 자각할 수 있었다. 그리하여 등교 수업이 이루어지더라도 이전과 다른 교육, 이전과 다른 학교가 펼쳐질 것이라는 기대를 품었다. 교육부 등 교육당국도 '뉴노멀(new normal)'이라는 말을 거침없이 사용하고 "앞으로 코로나 이전으로 돌아갈 수 없다"라는 등의 말의 성찬을 펼치며 뭔가 크게 달라질 것 같은 희망을 심어 주었다.

왜 교육을 교사에게 묻지 않나요?

그러나 막상 사회적 거리두기가 완화 혹은 해제되면서 이 모든 것이 일장춘몽으로 끝나고 말았다. 교사들이 순진했다. 유행어로 표현해 보자면 "뉴노멀 한다고 했더니 진짜 하는 줄 알더라"에 불과했던 것이다.

전면 등교가 실시되자 모든 것이 아주 빠르게 예전으로 돌아갔다. 사라졌던 각종 보고, 공문, 행사, 컨설팅이 부활했다. 반면 코로나 시국 때 새로 생긴 보고나 업무 등은 사회적 거리두기가 완화되어도 전혀 축소되지 않았다. 언론은 여전히 교사 때리기 국민 스포츠를 계속하고 있고, 정치권은 알량한 인기몰이를 위해 학교를 이리저리 흔들어 댄다. 교육당국은 그 흔들기를 막을 생각은 안 하고 그걸 알뜰하게 공문으로 만들어 학교에 집어 던지는 간섭 중계기 역할에 충실하고 있다.

뉴노멀, 코로나 이전으로 돌아갈 수 없다는 말의 성찬은 교사의 자율성이 강화되고 교육 관료의 통제력을 줄일 수밖에 없는 에듀테크 쪽보다는 기초학력 부진 해소라는 쪽으로 강조되기 시작했다. 요약하면 이거다.

'코로나 비상시국으로 학생들의 기초학력이 떨어졌으니 원래대로 돌려놓아라. 방법은 교사의 헌신, 즉 갈아 넣기다. 교육부, 교육청은 무엇을 할 거냐 하면 얼마나 갈아 넣고 있는지 중간에 점검하고 보고를 받아라.'

기초학력에 대한 것뿐 아니라 온갖 공문이 쏟아진다. 교사를 위한답시고 펼치는 정책도 공문이 되어 고스란히 교사의 업무가 된다. 그동안 고생했으니 교사 마음 회복을 지원한다는 공문이 온다. 내용은 예산을 배부하니 집행 계획을 세워 보고하라는 것이다. 심지어 교권이 실추되었으니 학교에서 교권 회복을 위해 무슨 대책을 세우고 있는지 보고하라는 공문도 온다. 또 교사의 개인정보가 자꾸 유출되고 있으니 안심번호, 통화녹음 등 교사의 통신 비밀 보호를 위해 학교가 무엇을 하고 있는지 보고하라는 공문도 있다. 아니, 이건 교육청이 해 주고 나서 알려 주어야 하는 일 아닌가?

이 와중에 새로 바뀐 정부는 우리나라 미래 성장 동력이 꺼지고 생산력이 떨어지고 있다며 걱정이 대단하다. 대만한테 추월당하고 그 격차가 점점 벌어진다고 한다. 중국이 턱밑까지 쫓아온다고 한다. 그럼 어김없이 교육을 질타한다. 산업 인재를 육성하라고 한다.

그런데 대만을 따라잡고 중국을 따돌리는 산업 인재가 교과서 잘 외우고, 시험 문제 잘 풀고, 시키는 거 잘하는 그런 사람이 아니라는 것을 잘 알면서도 공정성을 외치며 수능 정시는 확대한다고 한다. 일제고사를 강화한다고 한다. 밀 어쩌라는 것인지 도무지 알 수가 없다.

이제 교사들은 절규한다. 그리고 되묻는다.

"저기요, 뉴노멀 어디 있나요? 그게 뭔지 고민이나 해 봤나요? 아니, 왜 교육을 교사에게 묻지 않죠?"

교사에게 묻지 않으니 교사가 먼저 외칠 수밖에 없다며 두 권의 책을 냈다. 듣지 않는 느낌이다. 듣지 않는다면 또 외칠 수밖에 없다. 교육에 대해서는 교사 말을 들어야 한다는 가장 간단한 원칙을 세상이 깨달을 때까지 계속 외칠 수밖에 없다.

이것은 실천교육교사가 외치는 또 다른 외침이다. 그래도 안 듣는다면 또 외칠 것이다. 설마 우리나라가 담벼락보다는 나을 것이라는 희망을 안고.

코로나 이후의 교육, 교사가 말하다

초판 1쇄 펴낸날   2022년 8월 20일

지은이   실천교육교사모임
펴낸이   홍지연

편집   홍소연 고영완 정아름 김선현 전희선 조어진
디자인   전나리 박해연
마케팅   강점원 최은 이희연
경영지원   정상희

펴낸곳   (주)우리학교
출판등록   제313-2009-26호(2009년 1월 5일)
주소   03992 서울시 마포구 동교로23길 32 2층
전화   02-6012-6094
팩스   02-6012-6092
홈페이지   www.woorischool.co.kr
이메일   woorischool@naver.com

만든 사람들
편집   한미경
표지 디자인 책은우주다
본문 디자인 책은우주다 한향림